information
ーインフォメーションー

早稲田アカデミー
各イベントのご紹介です。
お気軽にお問い合わせください。

中2・3対象

日曜特訓講座

お申し込み受付中
お近くの早稲田アカデミー各校舎までお気軽にどうぞ

一回合計５時間の「弱点単元集中特訓」！

難問として入試で問われることの多い“単元”は、なかなか得点できないものですが、その一方で解法やコツを会得してしまえば大きな武器になります。早稲田アカデミーの日曜特訓は、お子様の「本気」に応える、テーマ別集中特訓講座。選りすぐりの講師陣が、日曜日の合計５時間に及ぶ授業で「分かった！」という感動と自信を、そして揺るぎない得点力をお子様にお渡しいたします。

早稲田アカデミー
イメージキャラクター
笠井 海夏子
（かさい みかこ）

中２必勝ジュニア　中２対象

日程 4/15･22、5/20、7/8

「まだ中２だから……」なんて、本当にそれでいいのでしょうか。もし、君が高校入試で早慶など難関校に『絶対に合格したい！』と思っているならば、「本気の学習」に早く取り組んでいかなくてはいけません。大きな目標である『合格』を果たすには、言うまでもなく全国トップレベルの実力が必要となります。そして、その実力は、自らがそのレベルに挑戦し、自らが努力しながらつかみ取っていくべきものなのです。合格に必要なレベルを知り、トップレベルの問題に対応できるだけの柔軟な思考力を養うことが何よりも重要です。さあ、中２の今だからこそトライしていこう！

中３日曜特訓　中３対象

日程 4/8･15、5/13、6/10、7/8

受験学年となった今、求められるのは「どんな問題であっても、確実に得点できる実力」です。ところが、これまでに学習してきた範囲について 100%大丈夫だと自信を持って答えられる人は、ほとんどいないのではないでしょうか。つまり、みなさんの誰もが弱点科目、単元を抱えて不安を感じているはずなのです。しかし、中３になると新しい単元の学習で精一杯になってしまって、なかなか弱点分野の克服にまで手が回らないことが多く、それをズルズルと引きずってしまうことによって、入試で失敗してしまうことが多いものです。しかし、真剣に入試を考え、本気で合格したいと思っているみなさんに、それは絶対に許されないこと！ならば、自分自身の現在の学力をしっかりと見極め、弱点科目・単元を早期に克服していかなければなりません。この「日曜特訓」で徹底学習して自信をつけましょう。

「必勝Ｖコース」「日曜特訓」に関するお申し込み・お問い合わせは最寄りの早稲田アカデミーまたは **本部教務部 03（5954）1731** まで

お気軽にお問い合わせください。

早稲アカ紹介DVDお送りします

一流中学
高校受験
早稲田アカデミー

早稲田アカデミー

早稲田アカデミー主催 2012 高校入試報告会

▶早稲アカ主催の入試報告会は受験を知ることができる貴重な情報が満載です！

①渋谷会場、武蔵小金井会場で首都圏の私国立高校入試概況について話す教務部中学課長 酒井和寿先生　②3月14日、横浜にて行われた神奈川県高校入試報告会の様子　③3月21日、船橋にて行われた千葉県高校入試報告会の様子　④3月22日、埼玉県高校入試報告会で話す、埼玉ブロック統括責任者 高橋智勝先生　⑤3月20日、新宿で行われた開成・筑駒高校入試報告会の様子　⑥3月23日、悪天候にもかかわらず難関都立高校入試報告会にもたくさんの来場者がいらっしゃいました。

2012年の高校入試においても、開成高校88名、慶應義塾女子高校78名、早慶附属高校合計1494名と圧倒的な数の合格者を輩出した早稲田アカデミー。その早稲田アカデミーが主催する高校入試報告会が今年も東京、神奈川、埼玉、千葉の４都県５会場で開催されました。年々都立高校志向が高まり続けている東京都。2013年度より県立高校入試制度が大きく変わる神奈川県。県立入試制度が変更されて２回目の入試が行われた千葉県。今年度から県立入試回数が１回となった埼玉県。高校入試は、各都県により異なるため、講演内容も実施会場ごとに地域の特色を打ち出したものとなっていました。

受験を知りつくした早稲アカが分析した受験の動向について、参加したかたがたは熱心に耳を傾け、多くのかたがメモを取っている姿が印象的でした。

また、３月20日（火・祝）には、開成高校と筑波大学附属駒場高校に内容を絞った「開成・筑駒高校入試報告会」が、３月23日（金）には、近年の都立人気に応える「難関都立高校入試報告会」が開かれ、入試概況や問題分析、合格に向けた学習方法などの説明が行われました。難関校をめざすお子様を持つ保護者のかたにとっては、ここでしか聞くことのできない貴重な情報を得られる機会となったことでしょう。

早稲田アカデミーの高校入試報告会は毎年３月に開催されています。高校受験の状況について知りたいかたは、次の機会に参加されてはいかがでしょうか。

直前期に気をつけていたことは…

志望校を決めた理由は…

先輩5人に聞きました!!

筑駒
県立千葉
慶女
都立日比谷
早大高等学院

難関校 合格のヒミツ!!

新しい学年となり、中学3年生はいよいよ受験生ですね。
今回の特集では、憧れの難関校に合格した5人の先輩に、
受験についていろいろ語っていただきました。
勉強時間や志望校の決め方、苦手教科の克服方法など、
先輩の体験談は大いに参考になると思います。
じっくり読んで、みなさんの勉強に役立ててください。

部活と勉強の両立のヒミツは…

高校でやりたいことは…

苦手教科の克服方法は…

筑波大学附属駒場
高等学校 進学

受験を通して精神的に成長できた

Q&A 1 受験を通して一番成長したところはどこ？

A 高校受験を通して、自分に甘えない心が一番成長したと思います。自分は性格的にすぐに気が緩んでしまうタイプなので、自分をコントロールして、入試直前の時期はとくに神経を集中させて頑張っていました。

Q&A 2 試験当日に心がけていたことは？

A 試験の前にはブドウ糖を摂取すると頭の回転がよくなると聞いていたので、チョコレートなどの甘いものを直前に食べて臨んでいました。

平井《ひらい》 雄太《ゆうた》さん

模試の復習に力を入れスランプを克服しました！

合格校

開成
慶應義塾志木
栄東
渋谷教育学園幕張
筑波大学附属駒場
早稲田大学本庄

早慶の附属校から進学校へ志望校を変更

小学校5年生まで約8年間アメリカのニューヨークにいて、6年生のときに入塾しました。最初は早慶の附属高校に入学してそのまま大学に進めばいいかと思っていました。でも、中1の1学期の模試の結果が思ったよりよくて、塾の先生から「開成や筑波大附属駒場を狙ってみたら」と言われて意識し始めました。また、友だちからも「附属高校に行ったらたるむだけだぞ」と言われて、自分もそう思うようになり、進学校に進もうと決めました。母は開成や筑駒を受験することに賛成してくれていたのですが、父は大学受験のない慶應志木に進学してほしかったみたいです。

中1のころは、初めの模試を受けてから全然勉強しなかったので、成績も下がってしまいました。中2からはちゃんと勉強を始め、中3の受験学年になってからは毎日塾の宿題が出されるので、学校の休み時間や、週1日のなにもない日に宿題をやっていました。家での勉強時間は部活で野球をしていたこともあり2時間くらいで、塾があった日は、夜帰ってから復習を少しやるくらいでした。

夏休みは、1日12時間くらい勉強しましたね。12時間勉強するとなると、計画を立てないと難しいので、あらかじめ計画を立てていました。

夏が終わって、10、11月にスランプに陥ってしまいました。夏休みまでは頑張っていたのですが、そのあとに怠けてしまい、模試の結果に響いてしまいました。でも、数学が足を引っ張っていたので、数学を中心に勉強していったらスランプを克服できました。具体的には、これまでの模試を復習して、思考回路を整理し直していきました。ほかにも、『高校への数学』という参考書を買って問題をひたすら解いていましたね。

自分をコントロールして試験当日まで頑張った

開成の受験当日は「受からないと」という気持ちがあり、すごく緊張していたので、合格発表で掲示板に番号があったときはほっとしました。筑駒の受験のときは開成に合格していたぶん、落ち着いて試験に臨めました。筑駒の合格は開成の合格以上にうれしかったです。

受験勉強で心がけたことは、スランプのときは楽観的に物事を考えるようにして、逆に調子のいいときは悲観的に考えて、自分をコントロールするようにしていました。

受験はつらかったですけど、このまま勉強を続けていれば、きっと成績があがり志望校に合格できると信じて頑張っていました。

みなさんも1つひとつ丁寧に勉強していれば大丈夫なので頑張ってください。

慶應義塾女子 高等学校 進学

これだけ勉強したんだから絶対に受かる！

慶應女子のバトン部に憧れて

兄が慶應義塾中等部を受験していて、両親も慶應の出身だったので、小さいころから早慶戦を見に行っていました。早慶戦で、慶應女子のチアリーダーのバトン部の演技を見て、キラキラしていていいな、私も慶應女子に入りたいなと思って志望校に決めました。

中2の秋ごろ、塾に入りました。入塾したころの偏差値は50くらいでした。得意科目は数学です。苦手科目は英語でしたが、先生にたくさん質問をしてどんどん得点できるようになりました。

学校ではソフトテニス部に所属していて、塾との両立は最初は大変でした。でも、部活のあとに家に帰らずそのまま塾に行く、という生活リズムができると、その方がだらだらしないのでよかったと思います。

勉強は塾の自習室で

私は家に帰るとくつろいでしまい、家ではあまり勉強できないタイプなので、学校からそのまま塾に行って、勉強は塾の自習室でしていました。塾の授業がない日は、学校が終わって16時ごろから夜の最後までいられる時間、大体22時くらいまで勉強していました。6時間くらい勉強していたことになります。

中3の夏休みも毎日朝8時か9時くらいから塾に行って勉強していました。そのまま夏期講習に出たあと、22時くらいまでやっていました。夏休みは一番勉強しましたね。

塚本《つかもと》 菜月《なつき》さん

> 憧れの慶女めざして頑張りました!

合格校

- 市川
- 慶應義塾女子
- 渋谷教育学園幕張
- 豊島岡女子学園
- 早稲田大学本庄

Q&A 1

Q 中3の夏休み、勉強つらくなかった?

A すごくつらかったです。なんで夏休みなのにこんなに固いイスに座って…とか思っていたんですけど、塾で同じ志望校の人たちといっしょに勉強していて、こんなにすごい人たちがいっぱいいるんだから私もやらなきゃだめだと思って、頑張っていました。

Q&A 2

Q スランプはありましたか?

A 直前期が一番スランプでした。1月の国語で偏差値 39 を出してしまい、「これはもう落ちる」と思って落ち込みました。でも、気にしててもしょうがない、きっと神様が「もっと勉強しなさい！」と言っているんだと思って頑張りました。

入試直前の時期には、生活リズムの維持と、直前だからと緊張したり焦ったりせずに「いつも通りに頑張る」ということを心がけていました。

試験当日はすごく不安でしたが、学校の前で塾の先生と握手をして励まされて、「絶対合格するぞ！」と思って試験に臨みました。

難しかったけれど最後まで頑張った

入試の手応えですが、今年はとくに数学が難しくて、私は数学が得意なのにその数学が全然できなくてこれはまずいと思いました。テストを解いているときも、難しかったですが絶対に最後まで手を止めずに諦めませんでした。

これだけ一生懸命やったんだから、これで落ちていたらもうしょうがないなと思って、後悔はしませんでした。なので、合格を知ったときは信じられなくて、思わず泣いてしまいました。

慶應女子に入学したら、憧れだったバトン部に入りたいと思います。受験勉強は大変ですが、「これだけ勉強したんだから絶対に受かる！」と思えるくらい毎日勉強してください。そうすれば、きっと合格できると思います！

早稲田大学高等学院 進学

遊びたい気持ちに負けず目標を立てて頑張る

青柳《あおやぎ》 健希《けんき》さん

計画を立てて勉強に取り組みました!

合格校

慶應義塾
明治大学付属明治
早稲田実業学校
早稲田大学高等学院
早稲田大学本庄

計画的に過ごすことで部活動との両立に成功

ぼくは野球部で、3年生の6月に引退するまで部活をやっていました。週に2日間休みがあるだけで、平日は6時半くらいまで練習がありました。最初は部活との両立がつらかったのですが、だんだん慣れてきて、時間があまりないなかでも塾の宿題をこなしたりできるようになりましたね。

テレビなどは見る時間を決めて、休憩と勉強のメリハリをつけて、計画的に1週間や1日を過ごすことで両立できたと思います。家庭学習は平日は2〜3時間で、休みの日は4〜5時間くらいでした。

部活を引退したらあとは受験勉強だけだと思って、勉強一筋で頑張るために塾の自習室に行って、そこで頑張りました。

中3の夏は、それまでの夏とは変えなければ意味がないと思っていたので、午後1時くらいから塾の自習室に行き勉強していました。

志望校は2年生で決まっていました。自分のやりたいこと（野球）を長い時間やっていたいし、普通の高校に行くと大学受験をしなければいけなかったので、大学附属の早慶を志望校としていました。

受験勉強は大変で、「受かりたい」という気持ちはあるけれど、どこかで「遊びたい」という気持ちもあったので、その気持ちに負けずに、勉強を頑張りました。やっぱり目標があったから頑張れたと思います。

努力がムダにならないように体調管理に気をつけた

入試直前の時期には過去問を解いていました。また、本番に体調を崩したらこれまでの努力がすべてムダになってしまうので、早寝早起きを意識して、体調管理をそれまで以上に気をつけるようにしていました。

試験当日は、会場に行くまでは緊張していたのですが、いつもと変わらないようにすれば、いままで勉強して積み重ねた力が出せると思って自信を持って臨みました。

入試が5日間連続で続いたのはきつかったですね。朝早いし、試験が終わったあとに翌日の学校の試験に向けて勉強しようと思っても身体が耐えられなかったので、やっぱり休むようにしました。

早慶や開成などは世間一般から見るとすごく難しいというイメージがありますが、そこに行きたいと目標を立てて、なにをしたら合格できるのかを考えてコツコツと積み重ねていけば結果は出るんじゃないかと思います。目標を立ててそれに向けて頑張ることがモチベーションにもなるし、そうすれば勉強もはかどると思います。

Q&A 1

Q 試験当日、トラブルはあった?

A 試験会場に向かうときに、一度、乗る予定の電車に乗りそこなってしまったことがありました。でも、そういうところで心を乱したくなくて、時間に余裕を持たせて早めに家を出るようにしていたので問題はありませんでした。

Q&A 2

Q 受験勉強のコツは？

A ぼくは、あまりスランプや調子の悪さなどを意識しないでマイペースでやるように心がけていました。「ここがダメだな」とか、「ここは得意だな」とか、自分でいまの状況を冷静に考えて勉強するようにしていました。

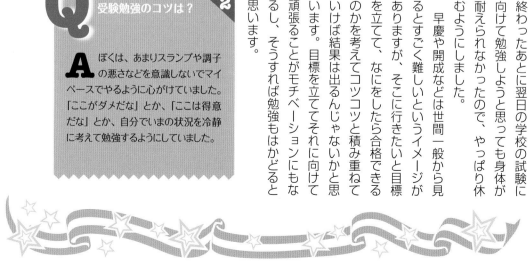

東京都立日比谷高等学校 進学

努力から生まれる自信が後押ししてくれた

松《まつ》本《もと》 あすかさん

これまでの努力が自信に繋がりました!

合格校
昭和学院秀英
専修大学松戸
都立日比谷

日比谷は進学校だけど楽しそうな雰囲気に憧れた

もともと周りから日比谷高校はいい学校だと聞いていて、なんとなく行ってみたいなと思っていました。進路を決めるときに、自分で学校説明会や文化祭に行ってみて、進学校だけどすごく楽しそうだなと実際に感じて、それからはずっと第1志望に決めていました。

受験勉強に向けて、中3になる直前から塾に通い始めました。マイペースな性格なので、塾で先生がたが引っ張ってくれたのが私にはよかったと思います。課題がたくさん出るので、それをこなすだけでも大変でしたが、そのおかげで力がついていくのも実感できました。レベルが高い同級生たちから刺激を受けられたのも大きかったです。

ほかにも、塾の授業で難しい数学の問題などをよく解きましたが、実際の試験で似た問題が出たりしたこともあり、とてもありがたかったです。

私は、家では仲のよい弟と遊んでしまって集中して勉強ができないので、帰ってもちょっと復習をするぐらいでした。基本的に勉強は塾でしていました。学校がある日は終わってから塾に行って授業を受け、学校がない日は、14時ぐらいから塾に行って自習をして、そのあと授業を受けるという感じでした。

受験勉強全体を通して心がけたのは、1回間違えたことは次には間違えないようにすることです。そのための復習はしっかりとしていました。

Q&A 1

Q 試験会場に持っていったものは?

A 試験開始前に役立ったのが、前の日に作ったノートです。好きな曲の歌詞や、試験当日に心がけることを書いておいて直前に見ました。あとは、先に志望校に合格していた友だちがくれた手紙や、先生からいただいた湯島天神の学業成就鉛筆なども気持ちをほぐしてくれました。

Q&A 2

Q スランプはありましたか?

A スランプはとくになかったのですが、夏休みの前半にカナダに2週間短期留学に行きました。帰ってくると、周りの人たちがそのぶん進んでいたので悔しくて。残りの夏期講習と自習はかなり頑張りましたね。

諦めないことを心がけた入試当日

試験当日は、不安はありましたが、その一方で「できるんじゃないか」という気持ちもありました。これまで努力してきたことで、自分のなかに自信がついていたことが大きかったと思います。

試験が始まってからは、とにかく最後まで諦めずに解くことを心がけました。余計なケアレスミスで大事な点を落とすことも多かったので、時間いっぱいまで考えようという気持ちでした。

理科・社会をおろそかにしないことが大切!

いま振り返って、やっておけばよかったなと思うのは過去問です。もうちょっと多く解いて時間配分をつかんでおいた方がよかったかもしれません。

都立高校をめざす人へのアドバイスとしては、英語・国語・数学の3教科は言うまでもないのですが、理科・社会の力をちゃんとつけておくことが大切だと思います。私は理・社が苦手教科だったので。

千葉県立千葉高等学校 進学

スランプ中でもくじけず集中して勉強した

常松《つねまつ》 大聖《たいせい》さん

とにかく、「くじけない」こと!

合格校
県立千葉
渋谷教育学園幕張
東邦大学付属東邦

授業についていけないほど英語が苦手だった

ぼくは英語がとても苦手で、学校の授業にもついていくのが厳しいくらいの実力でした。塾に行って英語を勉強しようと思い、中2の夏から通い始めました。塾に通い始めると、中2の秋ごろには学校の授業がわからないということもなくなりました。

部活は陸上部に所属していました。部活が月～土曜日、塾が週に4回あり、中3の7月ごろまで活動していましたが、部活と塾の両立はとくにつらくはありませんでした。毎週日曜日は基本的に休みの日に決めて、軽い運動をしたり、家族や友人と出かけたりしてリフレッシュに使っていました。

普段の勉強時間は大体1日30分～1時間、直前期は毎日2時間ほどです。勉強はいつも自分の部屋でやりました。周りに雑音がないので、集中しやすかったからです。

中3の夏は、「ここが受験の天王山だ」と思って必死に勉強しました。県立千葉に志望校を決めたのは中3の夏期講習のあとくらいの時期で、少しずつ自分に実力がついてきているのがわかったからです。県立千葉は、大学進学実績もいいし、県下トップ校というところにひかれました。

スランプもありました。中3の12月ごろ、数学の偏差値が50を割ってしまい、直前期なので焦りましたが、いままで以上に塾の授業に集中して、家庭学習でも数学に重点をおくように勉強して、克服しました。結果としてスランプ前よりも実力をあげることができました。

受験勉強を通して心がけていたことは、くじけないことです。スランプのときでも、波はあるものとしてひたすら頑張りました。

Q&A 1

Q 県立千葉をめざすみなさんへアドバイスをお願いします。

A 県立は高得点勝負になるので、実力が1つの教科に偏らないように各教科バランスよく勉強することが大切です。私立も東邦大東邦や渋谷教育学園幕張では理社の試験があったので、やっぱり科目のバランスは大切だと感じました。

Q&A 2

Q 受験を通して成長したなと思えることは?

A 成績があがったのはもちろんですが、1つのことに打ち込むことができるようになったと思います。以前は少しあきっぽい部分があったのですが、集中して長続きすることができるようになりました。

最初の入試は失敗したが…

入試は私立の市川、東邦大東邦、渋谷教育学園幕張、そして公立の県立千葉という順番で受けました。

最初に受けた市川は不合格。自信もあったのでかなり落ち込みましたが、塾の友人や周りのみんなが励ましてくれたので、「次からまた頑張ろう」と立ち直ることができました。続いて受けた2校はどちらも合格でした。私立で合格をきっちり取れていたので、県立千葉の入試にも自信を持って臨めました。でも前期試験では手応えがあまりなくて、だめかなと思っていたので、合格がわかったときはすごくうれしくて、思わずガッツポーズが出ました。

試験期間中は、「自分なら絶対合格できる」という意識を持って毎日自分に暗示をかけていました。みなさんも頑張ってください。

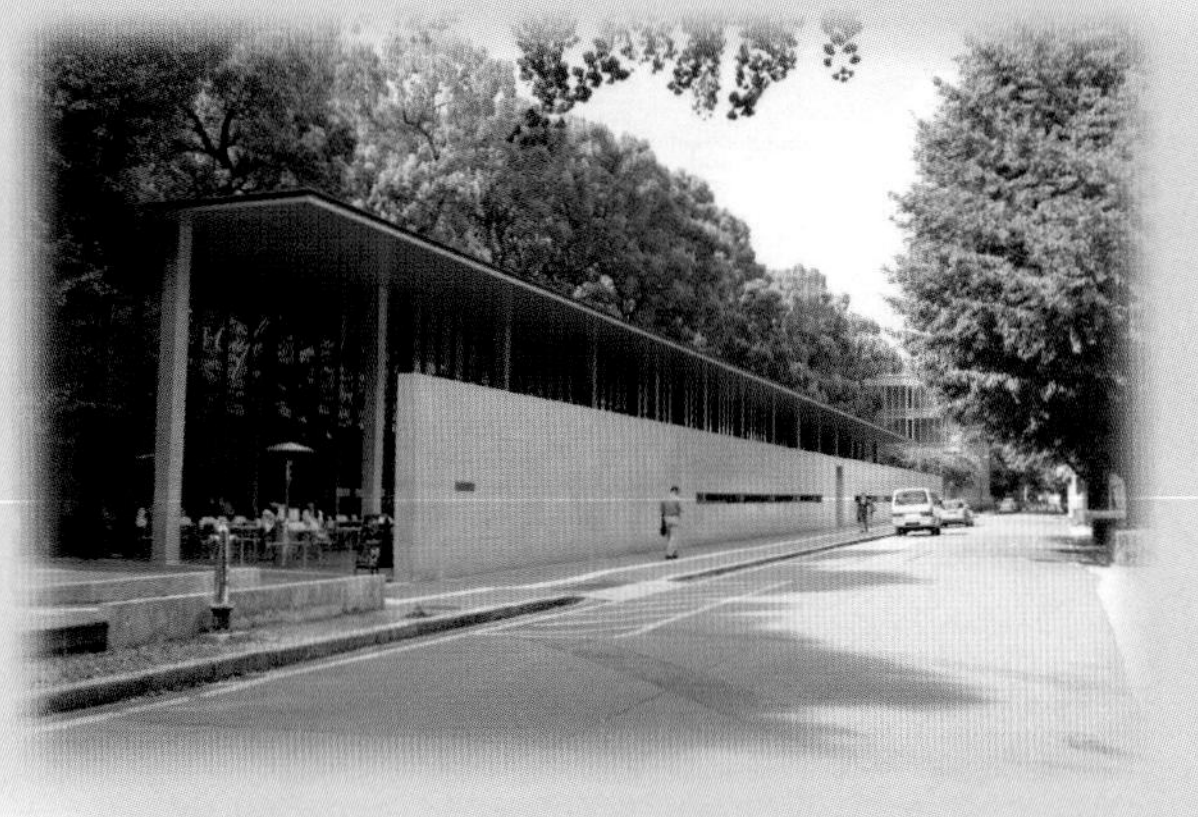

The University of Tokyo Vol.015

text by Tommy

東大への近道

正しい努力で偶然を必然にする

みなさん、入学あるいは進級おめでとうございます。「義務教育で勝手に学年があがっていくだけだ」と感じる人もいるかもしれませんが、その当たり前な進学も尊くて幸せなことだと思います。

さて、今日は勉強における「偶然と必然」についてお話ししたいと思います。

突然ですが、みなさんは日常生活のどのような場面で「運」を感じますか？私は、運とは日常生活のなかで見られる非日常的な事柄を理解するために使われる便利な思考であると思います。これだけではわかりにくいと思うので例をあげて説明しましょう。

例えばみなさんがポケットに手を入れたとき、百円玉が入っていたとしましょう。そのとききっとこう感じることでしょう、「お、（運が）ツイているな」と。あるいは逆の場面を想像してみましょう。いつもと同じ時間に家を出たのに、いつも乗っている電車やバスにわずかに間に合いませんでした。そんなときこう感じることでしょう、「ああ、ツイていないなぁ」と。

このように、毎日の生活で偶然起こった、自分の力ではない超自然的な出来事に対して、私たちは運という言葉を用いて理解しようとするのだと思います（少し大げさかもしれませんが）。

そしてこれは勉強に関してもしばしば見られることです。例えば、定期試験の前に英語を猛勉強したとしましょう。「絶対にいい点数を取ることができる」と思いながら、返ってきた点数を見たらいつもより悪い点数でした。こんなとき、「ああ、せっかく勉強したのにヤマが外れたのかな。ツイてなかったなぁ」と感じてしまうかもしれません。しかしこれはとても危険な考え方だと思います。

▶▶▶ 受験勉強における偶然と必然

勉強をするうえで大切にしてほしい考え方の1つに「努力と成果はイコール関係ではない」ということがあります。100時間かけて80点を取った人と、10時間しか勉強しなくて90点を取った人がいたとしたならば、試験という観点から評価されるのは後者なのです。少し厳しいように感じるかもしれませんが、受験という世界においては成果がすべてであり、それまでの努力は残念ながら評価されないのです。

だからこそ、私たちは偶然を必然にするために、努力をしていくべきだと思います。具体的には、まず成果（つまり、目標となる点数）を設定します。次にどんな努力をすればその点数を高確率で取れるのかを考えます。そしてそのためにどんな勉強を何時間するのかを定めて、初めて意味のある努力ができるようになるのです。

そして意味のある努力をしたとき、私たちはテスト結果を偶然ではなく必然（取るべくして取った点数）だと考えることができるのです。

このように、結果に言い訳をできない環境を作ることは、きわめて大切な要素だと思います。

とはいえ、テストによって得意不得意があったり、受けた環境によって点数の上下があったりすることはある程度仕方がないことです。必然的にいい点数が取れるようになったときには、きっと＋αで運よくいい点数を得ることができるかもしれません。そのときは胸を張って言いましょう、「私はついている」とね。

新学期で慌ただしいかもしれませんが、頑張っていきましょう。

「学校クイズ」に挑戦してみよう！

問題編

首都圏には国立・公立・私立ともに多くの高校があり、それぞれの学校にみんなが知らない歴史や特徴があるものだ。ここからは、それをクイズ形式でお届けしよう。難しいかもしれないけれど、ぜひ挑戦してみてほしい。もしかしたら、これがキッカケでみんなが「行きたい！」と思える学校に出会えるかもしれないよ。

Q1

日本全国に23校も附属高校を持つ日本大学。そのうち、東京にある附属高校は全部で何校でしょう。

Q2

毎朝5分間、1メートルの白布に赤糸をひたすら通す「運針《うんしん》」を行う女子校はどこでしょう。

ヒント 高校募集を行っている4都県の女子校のなかでは、トップクラスの大学合格実績を誇る学校だよ。

Q3

東京・神奈川・千葉・埼玉の高校で、最も生徒数が多い学校はどこでしょう。

ヒント 神奈川県にある男女別学の高校と言えば…？

Q4

現在の日本の内閣総理大臣といえば、野田《のだ》佳彦《よしひこ》衆議院議員ですが、彼の出身高校はどこでしょう。

ヒント 千葉県の県立高校で、理数科がある高校だよ。

Q5

早稲田大学本庄高等学院の構内に立つ看板には「●●●に注意」と書かれています。さて、「なに」に注意なのでしょうか。

Q6

大正・昭和を代表する詩人・北原白秋《しゅう》が作詞、同じく大正・昭和に活躍した音楽家・山《やま》田《だ》耕《こう》筰《さく》が作曲した校歌を持ち、石原慎太郎現東京都知事の出身校である神奈川の公立高校とはどこでしょう。

Q7

東京・神奈川・千葉・埼玉の4都県の公立高校のうち、2011年度の東大合格者数が最も多かったのはどこでしょう？

Q8

「ハウス制」という一風変わった「総合選択制」をとる超大規模公立高校はどこでしょう。

ヒント 埼玉県立校で、埼玉唯一の中高一貫校でもある学校だ。

Q9

1886年(明治19年)に創立された三郡共立《さんぐんきょうりつ》学校を前身とする、神奈川県で最も古い歴史を持つ公立高校はどこでしょう。

Q10

開成の校章は、ある格言を図案化したものです。その格言とはなんでしょう。

Q11

学校のなかに、第二次世界大戦中に日本軍の司令部として使われた地下壕がある学校はどこでしょう。

ヒント

1万円札の人で有名な「あの大学」の附属校の1つだよ。

Q12

千葉の公立校には、文化祭において3年生が見せる劇が名物で、各クラスごとに「屋号」を受け継ぐ風習のある学校があります。それはどこでしょう。

Q13

男子高校生がシンクロナイズドスイミングをする青春映画「ウォーターボーイズ」のモデルになった埼玉県の公立高校はどこでしょう。

Q14

渋谷教育学園幕張、昭和学院秀英、千葉県立幕張総合があり、そのほかにもさまざまな施設が集まっている、千葉県千葉市美浜区と習志野市にまたがる地域のことをなんと言うでしょう。

Q15

東京都世田谷区という都心にありながら、「田植え」など一連の水田耕作を生徒全員が必ず体験するのはどこの学校でしょう。

ヒント

国立大の附属校で、国立大附属校としては唯一の男子校だ。

Q16

芥川龍之介、石田衣良など有名な小説家を輩出し、国語教育に定評のある東京都立高校はどこでしょう。

Q17

学校ごとに特徴的な名称がついていることも多い文化祭。では、以下の植物から名前をとった文化祭の名前1～4と、その学校A～Dをそれぞれ結びつけてみよう。

1:オレンジ祭
2:なずな祭
3:オリーブ祭
4:いなほ祭

A:市川
B:明治学院
C:法政女子
D:早稲田実業

Q18

江戸時代、幕府の学問所として有名だった昌平黌《しょうへいこう》(昌平坂学問所)の跡地に、1888年(明治21年)に設立されたのはどこの学校でしょう。
※現在は移転しています。

ヒント

今月号のサクセス15のどこかのコーナーに登場している学校だよ。

正解は次のページでチェック!

解答編

Q1 答 7校

日本大学第一、日本大学第二、日本大学第三、日本大学櫻丘、日本大学鶴ヶ丘、日本大学豊山、日本大学豊山女子の7校。

Q2 答 豊島岡女子学園

女子裁縫専門学校を前身に持ち、その伝統をいまにも受け継いでいる。

Q3 答 桐蔭学園（神奈川）

3000人を超える生徒数を誇っており、4都県では随一の生徒数。ちなみに全国で最も生徒数が多いのは、栃木県の作新学院だ。

Q4 答 千葉県立船橋

以前は毎朝、船橋駅前で街頭演説をする姿が有名だった。

Q5 答 まむし

Q6 答 神奈川県立湘南

Q7 答 埼玉県立浦和

2011年度は30人（既卒者含む）が合格。2012年度も前期試験で39人（既卒者含む）が合格している。

Q8 答 埼玉県立伊奈学園総合

全校生徒は2000人を超える大規模校だ。

Q9 答 神奈川県立秦野《はだの》

Q10 答 「ペンは剣よりも強し」

通称は「ペンケン」。

Q11 答 慶應義塾

運動場の下に現存しており、現在も年に1回程度、地下壕見学会が行われ、学外者にも公開されている。

Q12 答 千葉県立国府台《こうのだい》

県内屈指の盛りあがりを見せる同校の文化祭のなかでも、とくに人気が高いのが3年生の演劇で、「第○代うめじんたん」、「第○代花鳥風月」などの「屋号」が代々3年生の各クラスに受け継がれている。

Q13 答 埼玉県立川越

水泳部を引退した3年生を中心に練習し、くすのき祭（文化祭）で披露される。

Q14 答 幕張新都心

学校施設としてはほかに放送大、神田外語大、幕張インターナショナルスクールなどがある。さまざまなイベントが開かれる幕張メッセや、巨大アウトレットモールなどもある。

Q15 答 筑波大学附属駒場

前身の東京農業教育専門学校が農学校であった名残から。

Q16 答 東京都立両国

Q17 答 1−C、2−A、3−B、4−D

ほとんどの学校の文化祭は見学が可能。これがきっかけで学校を決めた先輩も多いので、興味がある学校の文化祭には足を運んでみよう。

Q18 答 筑波大学附属

前身である高等師範学校の尋常中等科がこの地に作られた。

2012年
5月27日㊐
10:00~15:00

私学の魅力
わかります

東京私立中高
第11支部
合同相談会

- 私学30校参加
- 予約不要
- 資料の配布あり
- 各校の担当者と個別相談
  (校風、入試、進学、クラブ活動…)

参加校30校
(50音順)

穎明館 中学校 高等学校
NHK学園高等学校
桜華女学院中学校
日体桜華高等学校
桜美林 中学校 高等学校
大妻多摩 中学校 高等学校
共立女子第二 中学校 高等学校
錦城高等学校
国立音楽大学附属 中学校 高等学校
啓明学園 中学校 高等学校
工学院大学附属 中学校 高等学校
駒沢学園女子 中学校 高等学校
サレジオ中学校
昭和第一学園高等学校
白梅学園 清修中学校 高等学校
聖パウロ学園高等学校
創　価 中学校 高等学校
拓殖大学第一高等学校
立川女子高等学校
多摩大学附属聖ヶ丘 中学校 高等学校
帝京大学 中学校 高等学校
帝京八王子 中学校 高等学校
東海大学菅生 高等学校中等部 高等学校
東京純心女子 中学校 高等学校
桐　朋 中学校 高等学校
八王子学園八王子 中学校 高等学校
八王子実践 中学校 高等学校
明治学院 中学校 東村山高等学校
明治大学付属中野八王子 中学校 高等学校
明　星 中学校 高等学校
明　法 中学校 高等学校

京王プラザホテル八王子　5階
(JR八王子駅徒歩1分・京王八王子駅徒歩3分)

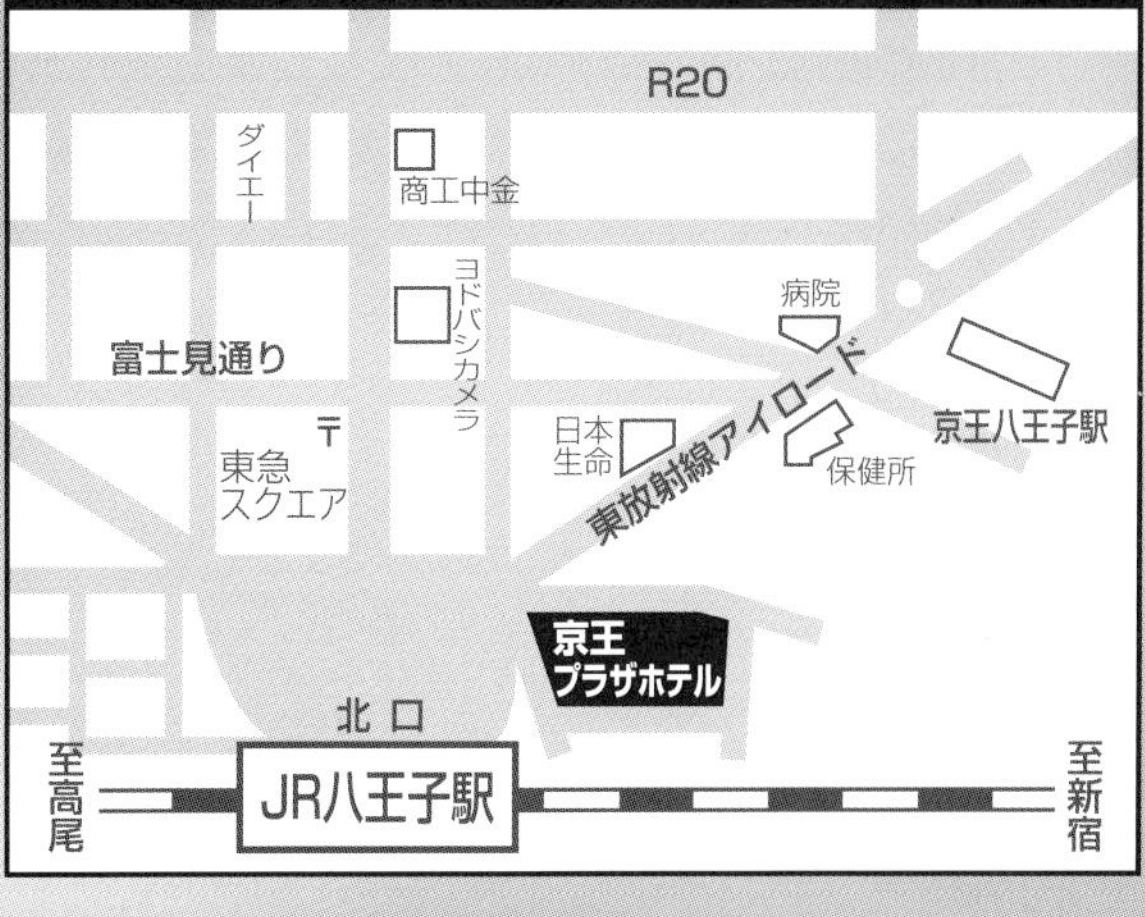

主　　催：東京私立中学高等学校協会 第11支部
後　　援：東京私立中学高等学校協会
問い合わせ先：042(664)6000
(穎明館中学高等学校／名倉)

SCHOOL EXPRESS

自由な校風のもとで豊かな人間性を育てる

筑《つく》波《ば》大《だい》学《がく》附《ふ》属《ぞく》高等学校

東京都　国立　共学校

妻《つま》木《き》 貴《たか》雄《お》副校長先生

首都圏でも有数の進学校として名高い筑波大学附属高等学校。しかし、この学校の魅力は大学合格実績だけではありません。創立から120年を超える歴史が培ってきた「自主・自律・自由」の精神は、勉強だけに偏らないバランスのとれた豊かな人間性を育てます。

School Data

所在地　東京都文京区大塚1-9-1	生徒数　男子369名　女子345名	アクセス　地下鉄有楽町線「護国寺」徒歩8分、地下鉄丸ノ内線「茗荷谷」徒歩10分
	TEL　03-3941-7176	URL　http://www.high-s.tsukuba.ac.jp/shs/toppage.html

「自由」とはなにをしても いいということではない

1888年（明治21年）に、昌平黌《こう》（昌平坂学問所）跡に設立された高等師範学校の尋常中等科を始まりとする筑波大学附属高等学校（以下、筑波大附属）。その後、所在地や校名を変えながら、120年を超える歴史を刻んできました。来年、2013年（平成25年）には、創立125周年を迎えます。

筑波大附属の教育におけるモットーは「自主・自律・自由」です。このモットーについて、妻木貴雄副校長先生は「『自主』というのは、生徒自身が自主的にいろいろなことに取り組むということです。『自律』と『自由』は関連しています。本校では生徒にあまり注意したりすることがありません。だからといって、なんでもやっていいわけではありませんよね。自分が自由に振る舞うためには、当然ほかの人にも同じような自由を保証しないといけないわけです。そうなると、おのずとしてはいけないこと、できないことが出てきます。それをわかって振る舞うのが『自律』、『自由』ということです」と説明されます。

これを象徴するものの1つに服装があります。筑波大附属の生徒はそれぞれが思い思いの服装で学校生活を送っています。制服はあるにはあるのですが、入学式や卒業式といった行事に際しても、その着用が義務付けられることはありません。

このモットーを大切にしながら、幅広い教養を身につけることで生徒の成長を促していくのが、筑波大附属の「全人教育」です。

工夫がこらされた授業 教育施設・環境も充実

筑波大附属は、1948年（昭和23年）から2学期制を採用しています。授業時間は50分で、月～金曜日までが6時限、土曜日はほぼ隔週で4時限となっています。

1学年240名のうち、3分の1となる80名が高入生です。高入生と中入生は分けられることなく、1年次から同じクラスで学んでいきます。中入生同士はすでに人間関係ができていますが、高入生はそうではありません。そのために、1年生全員が参加する3泊4日の「蓼科《たてしな》生活」という行事が7月にあります。長野県蓼科にある筑波大附属の寮「桐陰寮」で共同生活を行うのです。

さらに、そのクラスは3年間変わりません。こうして同じクラスメート、担任とともに長い時間を共有することで、強い結びつきが生まれていきます。

1年次のカリキュラムは全クラス共通履修で、選択制の芸術以外はすべてが必修授業です。2年次でも、芸術と、理科（物理基礎か地学基礎）以外は必修です。3年になると自由選択科目が増えますが、文系・理系でのクラス分けはありません。

妻木副校長先生は「文・理でクラス分けをしないのは、例えば自分は文系に進むから数学はしなくていい、理系に進むから歴史を知らなくていいというのはよくないという考えがあるからです。『全人教育』という視点からも、とくに初めの2年間はバランスよく学ぶのがいいと考えています。特定の分野に強くなるのも大切なことですが、そこにしか目が向かないというふうにはなってほしくないのです」と話されます。

桐陰祭（文化祭）

各クラスの生徒で構成される実行委員が中心となって企画・運営していきます。

スポーツ大会

バレーボール、サッカーなどの球技を中心に、さまざまなスポーツをクラス対抗で行います。チームごとに揃いのシャツを作ったりして盛りあがります。

筑波大附属の授業では、教科書以外に各教科の先生がたが独自に作ったプリントも使われています。

「目の前にいる生徒に合った授業をしようと考えると、どうしても一般的な内容になる教科書だけではなく、必然的に工夫したやり方になっていきます。そういうことを厭わない熱心な教師ばかりですね。」（妻木副校長先生）

平常授業が充実していることもあり、制度として行われている補習や講習はありません。先生がたが個別に行うものが早朝や放課後にある程度です。

理科系教室の充実も特徴の1つです。化学・生物・物理・地学の各実験室があり、化学・生物・物理はそれ以外にも階段講義室・薬品庫・実験準備室などそれぞれ6つずつ、地学も5つ部屋があります。どの教室も築年数は長いですが、使いやすさが考えられたレイアウトと、必要な部分の改修とで、不便さを感じさせません。

生徒が発表する形式の授業も多く取り入れられています。例えば、英語の授業では、英語でスピーチをし、それを先生ではなく、ほかの生徒が評価するといった形です。

発表用の資料も生徒自身が作ります。情報科の専門教員がいるため、1年次からプレゼンテーション用ソフトを使った発表の技術をしっかりと身につけることができるのです。また、生徒それぞれにIDが与えられていて、好きなときに情報教室のパソコンを使って調べものなどができる環境も整っています。

「修学旅行では、生徒は旅行先でグループ別にいろいろな場所に出かけます。そこから宿泊先に戻ったあと、2時間程度でプレゼンテーション用の資料をパソコンで作ってしまいます。」（妻木副校長先生）

大学合格がゴールではなくその先を見据える進路指導

筑波大附属は、筑波大の附属高校ではありますが、国立校であるため、私立大学附属校のような内部進学制度はありません。

生徒は、自分の将来を見据えて、それぞれの志望に応じた大学・学部を受験することになります。その進路選択にあたって、筑波大附属では、大学附属校の強みも活かしながら、さまざまな進路指導を行っています。

1年次の3学期に、研究生活を送っている20代の卒業生を数十人呼び、分野別に生徒が話を聞く機会を設けたこともあります。

2年次には、夏休み前に2年生を

国際交流

北京市高校への生徒派遣

筑波大附属では、国際交流を積極的に行っています。そのなかでも毎年シンガポールのHwa Chong校への短期留学およびアジア青少年リーダーズサミットへの参加と、北京市高校との相互交流が代表的です。

Hwa Chong校の全校生徒の前で
あいさつをする筑波大附属生

北京市からの高校生受け入れ

修学旅行

修学旅行は高校2年次にあります。近年は沖縄に行くことが多くなっていますが、海外（シンガポール）が旅行先になったこともあります。

全員集めて進路説明会を開催しています。これは「どの大学に行くか」ではなく、「大学を出てからどうするか」ということを、生徒に考えてもらう機会です。卒業生の大学教授などを講師として招き、分野ごとに10程度の分科会を開きます。それを各生徒が2つ選択します。ほかにも筑波大に全員で行き、講義を受けたり施設を見学したりする機会もあります。

学校行事・クラブ活動も欠かせない教育の一環

「授業はとても大切ですが、授業だけが学校ではありません。『自主・自律・自由』を生徒が身につけるためにも、いろいろな学校行事を生徒が自主運営するということは必要な教育の一環です」と妻木副校長先生が話されるように、学校行事も重視しています。桐陰祭（文化祭）、スポーツ大会といった大きな行事は、生徒自らが企画・運営していく大事な場となっているのです。

「大学合格」をゴールとするのではなく、授業、そして日々の学校生活で生徒の自主性やバランスを重んじる「全人教育」で、各界で活躍する人材を育ててきた筑波大附属。

最後に、どのような生徒が筑波大附属には合っているのか、妻木副校長先生に伺いました。

「どんな場面でも、本校の教師は生徒を制約するようなことはあまり言いません。大学に行って不自由になったと言う卒業生がいるぐらいおおらかな校風です。ただ、そのぶん自分でいろいろと考えて行動するような人でないと大変かもしれません。学校説明会などを通じて、自分に合うかどうかをよく見ていただきたいと思います。

率直に言って、本校の入学試験は書いたり読んだりする量も多く、易しくはないと思いますが、自らいろいろなことに挑戦してみたい、やる気があるという生徒さんにとっては向いている、非常にプラスに働く学校です。」

対抗戦

筑波大附属は、開成高校とのボート部定期戦「開成レース」、学習院高等科、学習院女子高等科とのスポーツ対抗戦「院戦」、神奈川県立湘南高校とのサッカー対抗戦「湘南戦」という、それぞれ長い歴史を持つ対抗戦を毎年行っています。

開成レース

院戦

湘南戦

高大連携教育

筑波大での講演会

大学訪問、講義体験など、筑波大との連携を活かして、生徒の知的好奇心を刺激する連携教育が行われています。

蓼科生活

1年生全員が参加する蓼科生活では、班ごとにさまざまな体験をするなかで、親睦を深めていきます。

平成23年度（2011年度）大学合格実績

大学名	合格者数	大学名	合格者数
国公立大学		私立大	
北海道大	1	早大	160
東北大	1	慶應大	101
筑波大	9	上智大	39
千葉大	12	東京理大	44
お茶の水女子大	1	青山学院大	10
首都大東京	3	中大	20
東大	36	法政大	15
東京工大	3	明大	64
東京外大	3	立教大	27
東京医科歯科大	1	学習院大	2
一橋大	6	国際基督教大(ICU)	2
横浜市立大	3	日大	13
信州大	3	順天堂大	13
京大	3	東邦大	7
大阪大	3	昭和大	6
その他国公立大		その他私立大	

杉《すぎ》並《なみ》学《がく》院《いん》高等学校

東京都

杉並区

共学校

School Data

所在地	東京都杉並区阿佐谷南2-30-17
生徒数	男子495名、女子635名
TEL	03-3316-3311
アクセス	JR中央線・総武線 「高円寺」「阿佐ヶ谷」徒歩8分
URL	http://www.suginami.ac.jp/

自立・創造・調和・健康

「自立・成楽」のもと社会に役立つ人材を

杉並学院高等学校の建学の精神は「自立・成楽」です。これは自分の好きなことに打ち込み努力をすることで、楽しみの境地にまで成そうということです。杉並学院ではそうした人材を育成することで、社会に役立つ人となることをめざしています。

また、この建学の精神は現代社会が求める資質や能力を持った人材と一致し、多くの生徒が社会で活躍するようになってきています。

そうした指導を行ううえで、杉並学院では生徒の適性に合わせて、「特進コース」と「文理コース」の2つのコースが用意されており、2年次からはより細分化された6つのコースに分かれて学習します。

1年次は両コース共通のカリキュラムで学習し、大学受験に必要な基礎を固めていきます。2年次より、「特進コース」では「国公立受験型」・「私大受験型」、「文理コース」では「私大受験型」でそれぞれ文系・理系に分かれます。このとき、1年次の成績や適性によってコースの変更も可能です。

「特進コース」は国公立大や難関私立大への現役合格をめざすコースで、早い段階から目標を明確にし、希望進路に対しての努力を行っていきます。「特進コース」だからといって高校時代を勉強ばかりに傾注するのではなく、部活動に積極的に参加することができ、高いレベルの文武両道をめざしています。

「文理コース」は勉強だけでなく、学校生活においても中心的に活動し、自己実現をめざすコースです。1人ひとりの希望進路に応じたきめ細かな指導によりさまざまな大学入試に対応しています。

通常授業だけではなく、課外講座も充実しています。「杉並HYPER講習」は受験指導のエキスパートである予備校講師により、「英語」「数学」「古典」で行われます。通常授業の進度に合わせて、基礎から応用までハイレベルな授業が行われます。

「杉並SUPER講習」は基礎をもう一度振り返り、しっかりと足場を固めて応用力をつけていくものです。杉並学院の先生がたによって行われます。

こうした取り組みが生徒の実力を着実に伸ばし、多くの卒業生たちが自分の夢に向かった進路を実現しています。

自分の好きや得意を発見し伸ばそうとする努力と、先生がたのよい指導があって、高校時代の大切な3年間を充実したものにし、夢に向かって進んでいくことができる杉並学院高等学校です。

京《けい》華《か》女《じょ》子《し》高等学校

東京都

文京区

女子校

School Data

所在地　東京都文京区白山5-13-5
生徒数　女子のみ450名（3月1日時点）
TEL　03-3946-4434
アクセス　都営三田線「千石」徒歩5分、地下鉄南北線「本駒込」徒歩8分
URL　http://www.keika-g.ed.jp

こころ豊かな女性を育てる

校章の梅の花が表す伝統校の女子教育

「英才教育」という建学の精神を掲げ、1909年（明治42年）に設立され、「Never Die（決してあきらめずに実行すること）」を合言葉に100年を超える歴史を紡いできた京華女子高等学校（以下、京華女子）。

校訓は、校章のモチーフとなっている梅の花が象徴する「清・慎・勤」という3つの言葉です。

それぞれ、「清」＝清新さで自らを自由に表現し他者とのコミュニケーションを作りあげる能力、「慎」＝自らを律し他者を思いやる人間尊重の精神、「勤」＝学習を通じて得られる自ら考えて行動する能力、を表しています。

こうした建学の精神や校訓をもとに、京華女子は「自ら考える力の基礎となる学習の充実、コミュニケーション能力を高めるための協調性を養うクラブ活動、人間尊重の規律正しい生活習慣」を大切にし、1人ひとりの生徒の可能性を最大限引き出す教育を行ってきました。

進路希望に応じたコースと豊かな心を育てる学校生活

京華女子では、生徒の希望する進路に応じた教育コースが用意されています。

まず高校1年生次に、国公立大・難関私立大への進学を目標とする生徒のための「特進クラス」と、さまざまな私立大への進学を前提に、指定校推薦をはじめとした推薦入試の利用も視野に入れた「文理クラス」に分かれます。

高校2年生になると、そのなかで文系か理系かを選択します。

「特進クラス」は、高2までに高校全過程の学習範囲を終え、高3からは大学受験に対応した演習授業が数多く行われます。また、高1・高2を対象としたIT（集中）ゼミ（週3日、放課後に英数国の入試問題演習を中心とした講座）は、このクラスの大きな特徴と言えるでしょう。

「文理クラス」は、個性と実践力を伸ばすことに主眼を置き、高1・高2を対象に、徹底的に基礎学力の向上と自学自習の学習習慣習得を目的としたIDS（個別学習）や、推薦入試で必要とされる小論文対策のための小論文講座などの教育プログラムが用意されています。

こうした学習カリキュラムに加えて、活発なクラブ活動や、京華祭・体育祭などの学校行事、オーストラリア語学研修（中2〜高3、希望者）、年数回の校外学習などを通じて、京華女子生は、豊かな心を養い、幅広い教養を身につけていきます。

共学校

東京都立 小《こ》山《やま》台《だい》高等学校

「人の和」を重んじる小山台精神を自然な形で学び、受け継いでいく

なにごとにも一生懸命取り組む生徒が集まる東京都立小山台高等学校。勉強や学校行事、班活動を通じて、お互いを敬い、謙虚に学び、自ら工夫を続けることで、人として成長していきます。

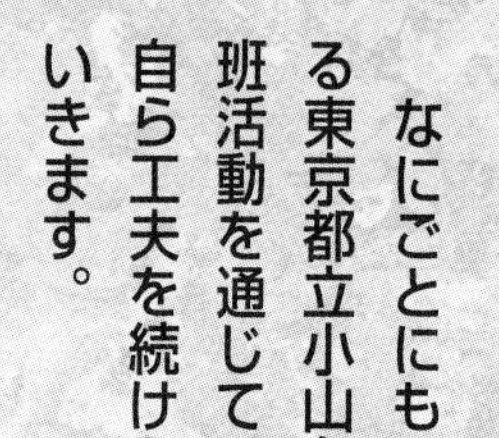

山崎《やまざき》　茂《しげる》校長先生

府立第八中学校が由来 校章「八弁の寒菊」

東京都立小山台高等学校（以下、小山台）は、1923年（大正12年）に東京府立第八中学校として創立。1948年（昭和23年）に東京都立第八新制高等学校と改称され、1950年（昭和25年）には地名をとって、現在の東京都立小山台高等学校へと校名を変えました。2007年（平成19年）には、進学指導特別推進校に指定されています。

特徴的な校章「八弁の寒菊」の「八弁」は、旧制時代の府立第八中学校の「8」に由来します。「寒菊」は団結を表し、寒さに負けない香り高き気品を持って、学問の理想と自立の精神を結晶させるという意味を示しています。

その小山台の教育目標には「敬愛・自主・力行」が掲げられています。「この3つの言葉で表されるのは、周りの人に対する敬意を忘れず謙虚に学ぶ姿勢を持

寒菊祭（運動会）

3年生が中心となり赤・青・白・黄の4色に分かれ対抗戦を行います。各団でパネルを作り、絵を描き応援します。かつては土曜に行われていましたが、来場者が多すぎるため、いまは平日に行われるようになりました。

つこと、自分で考え工夫するということです。そして、努力を継続するということです。これに関連して、生徒によく話すのは、『形に表そう』ということです。あいさつをする、身だしなみを整える、時間を守るというのは敬愛や自主につながるものです。力行については、努力を続けていれば自然に形となって見えてくるものがあるはずです。ですので、思っているだけではなくて、見える形になるまで努力を続けていこうということですね。」（山崎茂校長先生）

必修授業を多くすることで幅広く学べるカリキュラム

小山台は3学期制を採用しています。山崎校長先生は「3学期制、2学期制それぞれにメリットがあると思いますが、本校の生徒には、丁寧に試験をやって、基礎学力を定着させたいので、区切りがわかりやすく、こまめに学力がチェックできる3学期制があっていると考えています」と説明されます。

授業は1時限50分で、月～金曜日まで毎日6時限あります。土曜日は、年間20回の土曜日授業が4時限で行われています。

「本校には定時制がありますので、班（部）活動や下校時間を考えると平日の授業は6時限までになってしまいます。そこで、土曜授業を実施する週と45分7時限授業を行う週を上手く組み合わせることで、授業時数の確保と班活動や学校行事との両立を図っています。生徒には、集中と切り替え、練習の工夫などにより両立をめざすよう指導しています。」（山崎校長先生）

1クラス40名で、男女の割合は少し男子が多くなります。基本的に1学年7クラスですが、臨時増学級により、平成24年度の3年生は8クラスとなっています。

小山台の学習カリキュラムは、幅広い教養を身につけることをめざしています。1、2年次はすべて共通履修（1年次の芸術、2年次の理科は教科内での選択）です。こうすることで、国公立大受験も見据えやすくなります。3年次になると、選択科目によって文系・理系へと分かれます。

合唱コンクール

６月に全学年がクラス対抗で日比谷公会堂で熱唱します。

寒菊祭（文化祭）

２年生が中心になって行われ、運動会と合わせて6000～7000名の来場者があります。

「25年度入学生からの新学習指導要領に対応したカリキュラムでは、自由選択科目を少なくし、必修選択科目を多くするようにしました。国公立大学の志望者が年々増えているので、2年生までは共通履修とし、3年生では文理の類型になります。センター試験での5教科・7科目や6教科・7科目に対応し、2次試験にも対応できる形です」（山崎校長先生）

生徒の理解度に応じた多様な学習プログラム

生徒それぞれの理解度に合わせて、講習や習熟度別少人数授業などのさまざまな教育プログラムも取り入れられています。

2年次以上の数学と英語では習熟度別少人数制授業が行われ、2クラスを3つに分けることで、生徒それぞれに理解度に合わせた教育が行われています。

平常時の講習は、年間を通して各教科の先生により開かれています。長期休業中の講習も、夏冬ともに各学年で希望者に開講されます。とくに3年生は、夏休みのほとんどの期間で講習が開かれています。冬期講習も3年生が中心ですが、1、2年生を対象にした講習も行われています。「年々、講習を受けたり、自習したりと夏休みを学校での勉強で過ごす生徒が多くなっています」と、山崎校長先生は話されます。

2年次の冬休みには2泊3日の勉強合宿があります。希望制で参加者は24時間以上勉強することを目標とします。3年生の0学期というイメージで、高い目標を掲げ、ここで頑張ろうという生徒を中心に１００名程度が毎年参加しています。

2年次の3学期から始まる「難関大project」というプログラムもあります。難関国公立大を受ける生徒たちが集まり、お互いに切磋琢磨しながらみんなで合格をめざす勉強会です。

さらに、予備校の授業をＤＶＤで受講するサテライト講座や、インターネットで勉強するＷＥＢ講座も用意され、自分のペースに合わせて学習できる環境が整っています。

進路・進学指導では、主体的な進路選択と高度な学力の育成が図られています。

進路指導を「自分と社会の繋がりから進路を意識する」「目標を定めて進路を見通す」「考える力を強化し、第一志望実現！」という3つのステージに分けることで、各学年で段階的に指導していきます。

おもなものとしては、1年次に国際社会に目を向ける機会を与える講演会、「社会人によるキャリアガイダンス（年間5回の17講座）」、2年次には、「卒業生による進路懇談会」「学問の面白さ体験講

修学旅行

昨年は3泊4日で広島・大阪・京都に訪れました。行き先は学年によって、沖縄や九州の場合もあります。

国際交流

大学見学会

勉強合宿

進路講演会

座（大学模擬授業）」、3年次には「自主学習の時間（協同学習）」などが実施されます。全学年共通の「理科講義実験」（物理・化学・生物）は、企業や大学の研究者を招いて行う実験です。外部模擬試験は、1年次に4回、2年次に5回、3年次に8回行われます。

小山台がここ数年で難関大学合格実績を伸ばしている背景には、こうした多様な学習プログラムや、きめ細かい進路・進学指導があるのは間違いありません。進学指導特別推進校に指定されて以降は、それまでと比べ、国公立大志望者も大幅に増えてきているそうです。

勉強以外にも熱心に 取り組むのが小山台生

小山台は生徒の幅広い視野や意欲の育成を目的とした、国際交流の推進にも力を入れており、イギリスへの語学研修派遣とイギリス・ドイツへの交換留学派遣が行われています。ともに希望者が20名ほど夏休みに3週間現地に滞在します。

行事に熱く燃えるのも小山台です。とくに八中からの伝統の運動会は1年のなかで最も熱くなる日です。3年生の応援団を中心にした一糸乱れぬ応援と特色ある種目は地元でも人気があります。そのほか、合唱コンクールや文化祭、どの行事をとっても全力で取り組んでいます。

「小山台の財産は『人の和』です。いろいろなことをやるときにも協力的な生徒が多く、まとまりが早いのが特色です。本校には行事も班活動も勉強も、一生懸命なんでもやるぞという意欲ある生徒に来て欲しいですね。その姿勢こそが、小山台生の基本ですから」と山崎校長先生。

東京都立小山台高等学校には、国際交流や学校行事、班活動にも、勉強と同じぐらいの熱意を持って取り組む生徒たちが集まっています。

平成23年度(2011年度)大学合格実績（　）内は既卒

大学名	合格者	大学名	合格者
国公立大学		首都大東京	11(0)
北大	2(2)	横浜国立大	5(1)
東北大	3(2)	横浜市立大	2(0)
岩手大	1(0)	金沢大	1(1)
筑波大	2(0)	京都府立大	1(1)
茨城大	1(0)	山口大	1(0)
山梨大	1(1)	琉球大	1(0)
都留文科大	1(1)	国公立大合計	62(15)
埼玉大	5(1)	私立大	
千葉大	2(1)	早大	49(9)
東工大	4(0)	慶應大	13(2)
一橋大	1(0)	上智大	9(0)
お茶の水女子大	1(0)	明大	70(8)
東京学芸大	6(1)	青山学院大	25(4)
東京外語大	1(0)	立教大	27(7)
東京芸術大	1(1)	中大	39(9)
東京農工大	2(1)	法政大	44(8)
東京海洋大	4(1)	その他私立大	449(69)
電気通信大	2(0)	私立大合計	725(116)

School Data

東京都立小山台高等学校

所在地
東京都品川区小山3-3-32

アクセス
東急目黒線「武蔵小山」徒歩1分

生徒数
男子452名、女子433名

TEL
03-3714-8155

URL
http://www.koyamadai-h.metro.tokyo.jp/

和田式教育的指導

志望校を決めれば勉強方法が決まる

新年度が始まりました。中3生は受験まであと1年間です。めざす志望校へ入学するために、いまなにをすべきかをお伝えします。すぐに実行してみましょう。

言われてやる勉強から受かるための勉強へ

新しい年度がスタートしました。中学3年生になった人は、来年の初めには高校受験があるんだ、という気持ちにはなっているでしょう。この時期は、受験生モードに入らなければいけないのに、なかなか入れないという人が多いのも事実です。

それは受験生モードに入る前の勉強に対する「ギャップ」があるからです。

中1、中2での勉強は学校や塾で与えられた課題をこなすことに力を入れた勉強でした。

これは、「中間考査・期末考査のために勉強しよう」、「塾で成績を少しでもあげよう」ということを目的とした勉強だったと言えます。

こうした、与えられた課題をこなす勉強は、受身の勉強なのです。しかし、受験勉強は受身の勉強ではありません。ここにギャップが生まれる原因があります。

ですから、ただ「中3になりました。だから私は受験生です」という気持ちではダメなのです。

受験生になったということは、「言われただけの勉強をする」という意識を変えなければなりません。

これからは、「志望校に受かるための勉強をする」という気持ちで、勉強への取り組み方を変える必要があります。

志望校を決めなければ合理的な勉強はできない

受かるための勉強をするのに大事なポイントは、「志望校を決める」ということです。

高校受験は入試の教科が国数英の3教科か、それに理社を足した5教科がほとんどです。教科数が少ないので、みんなと同じ勉強をして合格した、不合格だったという話になりがちです。

しかし、とくに難関校をめざす場合には、学校の出題傾向を押さえておかなければなりません。

学校によっては、「英語ではリスニングの配点が高い」、「数学では図形の問題が多く出る」といったように、それぞれ試験の傾向があります。

それによって、対策が当然変わってきます。つまり、志望校ごとに勉強の仕方があるということになります。

公立校をめざす場合でも、学校によっては独自問題で試験をするところもありますので、出題傾向を把握しておかなければなりません。また、公立校は5教科入試になりますので、その対策も必要です。

要するに、志望校を決めなければ、合理的に受験勉強を進めるための計画を立てることができないということです。

また、私立大学の附属校をめざすのであれば、高校受験はそのまま大学受験になります。自分が大学でなにを学ぶのかという先のことも見据え、慎重に志望校選びをしてください。

それぞれのプランを作り自分に対応した勉強を

志望校が決まれば、めざす学校のおおまかな合格最低点がわかります。例えば、500点満点の試験で380点が合格最低点だとすると、合格最低点を取るには各教科で何点取ればいいのかを考え、各教科の大体の目標点を決めていきます。

そうすることによって、何点まで得点できるように勉強すれば受験までの1年間で合格最低ラインに到達できるのか、ということが考えられます。

「自分は英語が苦手だからもっと頑張らないと」とか、「数学は割ときちんとできているからほかの教科を重点的にやろう」といった具体的な目標が見えてきます。

このように、自分のやるべきことがはっきりしてくると、勉強プランが立てられるのです。

つまり、「受験勉強は1人ひとりみな違う」という理由がここに現れてきます。

志望する学校が違えば、当然1人ひとり違った勉強プランが生まれます。

また、志望校が同じであっても、個人個人によって、学習面での得意不得意がありますから、対策方法によって勉強プランは違ってきます。

それぞれのプラン作りがうまくいけば、受験勉強はうまくいきます。自分に最適のプランを作って勉強を始めてください。

Hideki Wada

和田秀樹

1960年大阪府生まれ。東京大学医学部卒、東京大学医学部附属病院精神神経科助手、アメリカのカールメニンガー精神医学校国際フェローを経て、現在は川崎幸病院精神科顧問、国際医療福祉大学大学院教授、緑鐵受験指導ゼミナール代表を務める。心理学を児童教育、受験教育に活用し、独自の理論と実践で知られる。著書には『和田式　勉強のやる気をつくる本』(学研教育出版)『中学生の正しい勉強法』(瀬谷出版)『難関校に合格する人の共通点』(共著、東京書籍)など多数。初監督作品の映画「受験のシンデレラ」がモナコ国際映画祭グランプリ受賞。

るということでもある。

これで、Pを示す2つの式ができた。

$P = 10a + b \quad P = 9m + n$

これをまとめると、

$10a + b = 9m + n$　……(1)

今度はQだ。Qはこう表せるのだったね。

$Q = a + b$　……(2)

ところで、指示されているのは、「Qを9で割ったときの余りがnとなることを証明せよ」というのだ。「Qを9で割る」と、

$Q = 9t + n$　……(3)（注　tは不明な数）

になるというわけだ。

さあ、どこからどう考えるといいのだろうか。(1)(2)(3)を眺めていると、aやらbやらmやらnやら、たくさんあるから、少し整理しよう。

(1)と(2)にa、bがあるので、1つにまとめることにする。

$10a + b = 9m + n$　……(1)

$b = 9m + n - 10a$

これを(2)に代入すると、

$Q = a + b$

$= a + 9m + n - 10a$

$= 9m + n - 9a$

$= 9(m - a) + n$

このQ = $9(m - a) + n$という式をじっと見つめよう。数学の得意な人ならすぐに気がつくだろう。気が付かなければ、さっきやったことを思い出そう。

> 次に「mとnを用いた式」で表す。
>
> $P \div 9 = m \cdots n$
>
> $P = 9m + n$

$P = 9m + n$というのは、Pを9で割ったときの式だ。Pを9で割ると、商がmで余りがnだという意味だったね。

$P = 9m + n$と、$Q = 9(m - a) + n$と見比べるとわかるだろう。え、わからない？　では、縦に並べよう。

$P = \underline{9m} + \underline{n}$

$Q = \underline{9(m - a)} + \underline{n}$　…(4)

(4)は、Qを9で割ると、商が$m - a$で、余りがnである、ということだとわかったろう。

これで、Pを9で割ったときの余りと、Qを9で割ったときの余りが、どちらもnである、ということが証明できた。それを答案に記すには、下にまとめたように、きれいに整理しなければならないね。

《答案例》

$P = 10a + b$　……(1)

$P = 9m + n$　……(2)

$Q = a + b$　……(3)

(1)、(2)から

$10a + b = 9m + n$

$b = 9m + n - 10a$　……(4)

(4)を(3)に代入すると、

$Q = a + 9m + n - 10a$

$= 9(m - a) + n$

よって、$9(m - a)$はQ÷9の商であり、nは余りである。

（証明終わり）

このような問題は、除法（割り算）の式について理解していない人には難しいだろうね。

あらら、神奈川県の問題に触れる前に紙数が尽きた。信号機の設置の問題など、良問が出されているのに残念だが、8月号以降にまわそう。

編集部より

正尾佐先生へのご要望、ご質問はこちらまで！

FAX：03-5939-6014　e-mail：success15@g-ap.com

※ 高校受験指南書質問コーナー宛と明記してください。

※このページは33ページから読んでください。

※このページは33ページから読んでください。

〔問1〕［Sさんが作った問題］で，$n = 0$となる2けたの自然数Pは、全部で何個あるか考えてみよう。

先生は，［Sさんが作った問題］をもとにして，次の問題を作った。

［先生が作った問題］

2けたの自然数Pにおいて，十の位の数をa，一の位の数をbとする。aとbを足した数をQとする。

PとQをそれぞれ9で割ったときの余りについて考える。

例えば，P = 39のとき，39を9で割ったときの商は4，余りは3である。このとき，Q = 3 + 9 = 12となるから，12を9で割ったときの商は1，余りは3となり，PとQをそれぞれ9で割ったときの余りが等しくなる。

また，P = 62のとき，62を9で割ったときの商は6，余りは8である。このとき，Q = 6 + 2 = 8となるから，8を9で割ったときの商は0，余りが8となり，PとQをそれぞれ9で割ったときの余りが等しくなる。

2けたの自然数Pを9で割ったときの商をm，余りをnとするとき，Qを9で割ったときの余りがnとなることを確かめなさい。

〔問2〕［先生が作った問題］で，Pを，aとbを用いた式と，mとnを用いた式の2通りの方法で表し，Qを9で割ったときの余りがnとなることを証明せよ。

「うわっ、証明問題だ！　これマジ苦手なんだ…」なんて嘆く人が多いだろう。数学が好きか嫌いかがはっきりわかるのが証明問題だ。

苦手だ、嫌いだと避けていては、目標の都立高校へ進めなくなるかもしれない。なにしろ、この問題の配点は12点という高さだ。だから、苦手な人のために、優しく易しく説明しよう。

問1からだ。数学の入試問題は、出題者の指示に素直に従って考え始めるといい。

まず、「2けたの自然数P」って、どんな数だろう。10から99までの数だね。

次に「十の位の数をa、一の位の数をbとする」とある。10から99までの数の十の位（＝a）は1から9までだ。一の位の数は0から9（＝b）までだ。

続いて「aとbを足した数を9で割ったときの余りをnとする」とある。例えば、57という自然数なら、

(5 + 7) ÷ 9 = 1…3

余りが3だから、$n = 3$ということだ。

行が変わって、「$n = 0$となる2けたの自然数P」とある。$n = 0$ということは、余りが0、つまり割り切れるということだ。だから、「9で割り切れる2けたの自然数P」ということだね。

最後に「n（＝0となる2けたの自然数P）は、全部で何個あるか考えてみよう」とある。言いかえると、「$a + b$が9で割り切れる2けたの自然数」は何個あるか、という問題だ。

aは1から9までの数、bは0から9までの数だったね。つまり、aの最小は1、最大は9であり、bの最小は0、最大は9だ。

このa（十の位）とb（一の位）を並べて2けたの自然数をつくると、最小は10（$a = 1$、$b = 0$）で最大は99（$a = 9$、$b = 9$）だね。

10から99までの数で9で割り切れるのは、次の数だ。

18、27、36、45、54、63、72、81、90、99

全部で10個ある。これが正解だ。問1は計算らしい計算をせずに解ける、パズル風の問題だ。

解答 A. 10個

問1がのみこめたなら、問2に進もう。

「Pを、aとbを用いた式と、mとnを用いた式の2通りの方法で表し、Qを9で割ったときの余りがnとなることを証明せよ。」

まず、「Pを、aとbを用いた式」で表す。

$P = 10a + b$

この式の意味はわかるね。例えば、25（←2けたの自然数）は20 + 5だね。2の10倍に5を足したのが25だ。つまり、

25 = 10×2 + 5

これを記号で表すと、

$P = 10a + b$

になる。

次に「mとnを用いた式」で表す。

$P \div 9 = m \cdots n$

$P = 9m + n$

この式の意味もわかるね。例えば、25を9で割ると答えは2…7だが、これは2を9倍して7を足すと25にな

DG は新タワーで 634m　　　　　　　DG ＝ 634m

BC は S さんから電柱までの距離で 10m　BC ＝ 10m

わかっていないのは AB と CD だね。仮に

AB ＝ α《アルファ》 m　　CD ＝ β《ベータ》m

としておこう。さあ、計算を始めよう。

$\triangle ABE \backsim \triangle ACF$ だから、

$AB : BE = AC : CF$

この式に上にあげた数値を代入すると、

$\alpha : 1.5 = (\alpha + 10) : 12.5$

あとは計算だ。

$12.5\alpha = 1.5 \times (\alpha + 10)$

$12.5\alpha = 1.5\alpha + 15$

$12.5\alpha - 1.5\alpha = 15$

$11\alpha = 15 \quad \therefore \alpha = \frac{15}{11}$

これで「しめた！」と気付く人は数学の才能が大ありだ。なにに気付くとよいのか。それは、AB と BE の比を簡単にできるということだ。

$AB : BE = \frac{15}{11} : 1.5$

右辺が、分数と小数でバラバラだから分数に統一すると、

$AB : BE = \frac{15}{11} : \frac{15}{10}$

この分母を整理するため、$\frac{11}{15}$ をかけると、

$AB : BE = \frac{15}{11} \times \frac{11}{15} : \frac{15}{10} \times \frac{11}{15}$

$AB : BE = 1 : 1.1$

このように、AB と BE の長さが 1：1.1 であることがわかると、あとは楽なものだ。

$\triangle ADG \backsim \triangle ABE$ だから、

$AD : DG = AB : BE$

これに数値を代入すると、

$\frac{15}{11} + 10 + \beta : 634 = 1 : 1.1$

あとは計算だ。

$\left(\frac{15}{11} + 10 + \beta\right) \times 1.1 = 634 \times 1$

$1.5 + 11 + 1.1\beta = 634$

$12.5 + 1.1\beta = 634$

$1.1\beta = 621.5$

$\beta = 565$

答えなければならないのは、S さんが立っている位置から新タワーまでの距離、つまり BD だ。

$BD = 10 + \beta = 10 + 565 = 575$

というわけで、

解答 A. 575m

この問題を解くための教訓は、相似は比がポイントであること、そして、比は可能な限り、単純な数に変えること、この２つだ。

相似と言えば、千葉県ではこんな問題が出たぞ。

右の図のような，千葉県マスコットキャラクター「チーバくん」のシールA（縦 3 cm）がある。このシール A と相似なシール B（縦 5 cm）を作成するとき，シール A とシール B の面積の比を，次のア～エのうちから一つ選び，符号で答えなさい。

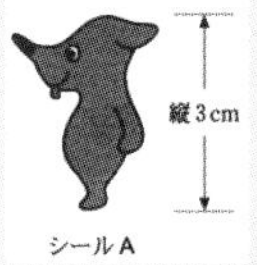

ア　3：5　　　イ　6：10

ウ　9：25　　　エ　27：125

相似の公式が頭に入っている人には、何の雑作もない。図形 A と図形 B が相似であるなら、相似比を２乗すると面積比になる。これは、以前は高校１年生で学んでいたが、現在では中学３年生で教わることに変わっている。こういう、ゆとり教育では除外されていた事柄で、いまでは中学で学習することになったものは、入試でよく出るんだよ。

シール A とシール B の縦の長さが３：５だから、このシールの相似比は３：５だ。面積比はその２乗、

$3^2 : 5^2 = 9 : 25$

というわけで、

解答 A. ウ

東京都では、こんな問題が出た。

ある中学校で，S さんが作った問題をみんなで考えた。次の各問に答えよ。

［S さんが作った問題］

２けたの自然数 P において，十の位の数を a，一の位の数を b とする。a と b を足した数を 9 で割ったときの余りを n とする。

$n = 0$ となる２けたの自然数 P は，全部で何個あるか考えてみよう。

※このページは33ページから読んでください。

教育評論家 正尾 佐の

高校受験指南書

Tasuku Masao

六拾五の巻

今年の入試問題【数学】

今号から「今年の入試問題」だ。一番受験者数の多い公立高の問題を取り上げる。私立校は８月号からの「今年出たおもしろい問題」や 11 月号からの「今年出た難しい問題」で取り上げよう。

最近の話題になっているニュースの１つに、東京スカイツリーがある。社会科の問題で出そうだと、だれでも予想していたが、埼玉県立高校入試では数学の問題で使われた。「えっ？」と驚くことはない。埼玉県の出題者の先生たちは、なかなかの良問を作ってくれたんだ。こんなイラスト付きの問題だよ。

Ｓさんは，近くに完成した高さ 634m の新タワーまでの距離を，高さ 12.5m の電柱を目印にして求めようと考えました。Ｓさんは，電柱の先端と新タワーの先端が一致して見える位置に立ち，その位置から電柱までの距離を測ったら，ちょうど 10m でした。

このとき、Ｓさんが立っている位置から新タワーまでの距離は何 m かを求めなさい。ただし，Ｓさんの目の高さを 1.5m とします。また, Ｓさん, 電柱, 新タワーは，同じ平面上に垂直にたっており，それぞれの幅や厚みは考えないものとします。

どうだい、解けそうかな？　数学の得意な人、とくに図形問題ならお手のものさという人には楽しい問題だろう。（「新タワー」と言われているけれども、高さが 634m というのだから、東京スカイツリーのことだね。）

だが、問題文を一読しただけではピンとこない人もいるだろう。そういう人のために、イラストが付いている。

このイラストを見れば、解き方が頭に浮かぶだろう。え？　浮かばないって？　そうか、仕方がないね。では、ヒントとして、イラストに線を書き加えてみよう。

さあ、わかったかな？　まだ、気付かないかもしれないね。では、ヒントのヒントを言うと、ソージだよ。いやいや掃除ではなくて、相似だ。これは相似の問題なんだよ。

イラストは美術の分野だから、数学らしく平面図形に書き直してしてみよう。そうすると、下のようになるね。この図を見れば３つの三角形（△ ABE と△ ACF と△ ADG）が相似だとはっきりとわかるだろう。

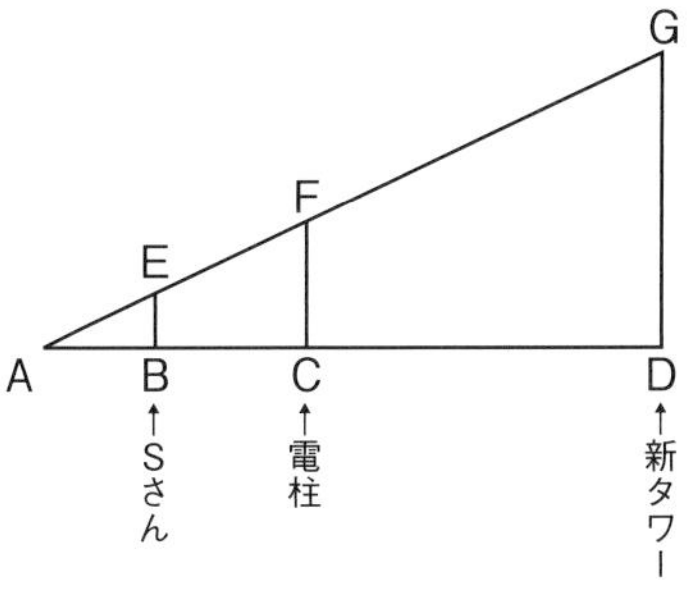

さて、これは相似の問題だとわかったところで、さっそく解いてみよう。

この相似三角形について、わかっている数値を書き出すと、

BE はＳさんの目の高さで 1.5m　　BE ＝ 1.5m

CF は電柱の高さで 12.5m　　CF ＝ 12.5m

宇津城センセの受験よもやま話

みんなが知りたい「よもやま話」の舞台裏

宇津城 靖人先生
早稲田アカデミー　特化ブロック副ブロック長
兼 ExiV西日暮里校校長

読者の生徒から受けたクレームとは

前回のコラムで、私小説を離れて本来の「コラム」を書いたところ、早速自分の生徒（読者?）たちからクレームをもらってしまった。

「先生、小説を書いてください。」

「あの終わり方では納得できません。」

とのことである。その2人の生徒は、私を小説家かなにかと勘違いをしているようである。ああ、誠に申し訳ない。この雑誌は「進学情報誌」であって「文芸雑誌」では無いのだよ。小説を読みたいなら本屋さんに行けばいいのではないか、と喉元まで出かかったが、よく考えると大変ありがたい読者の声であることに気付き、「まあ、そのうちな」的な曖昧《あいまい》な答えでお茶を濁して逃げてしまった。

確かに私のなかには創作意欲もそこそこあり、書きたいテーマやアイディア、設定などがあることにはあるが、発表の場としてこのコラムの場は相応しくないと考えるのである。

入試にまつわる小説ならばまだよいのであろうが、私は別に入試小説を書きたいわけではないので、やっぱり控えることにする。

「先生、本にしてください。買います。」

「出版はいつごろなんですか。」

さまざまなかたから、かような声をいただくこともある。これもまた、申し訳ない。確かにこの連載もかなりの長期に渡り、本にまとめても形になるくらいの分量は書いているかもしれない。しかし、私自身は本にするということよりもむしろ、いつが最終回になるのかの方にドキドキしている。

都合6年くらい? 毎月原稿を書かせていただいているが、いつも筆が遅いこと、内容が不適切であることなどで編集の方々にはご迷惑をおかけしてばかりだ。いつ「では今月で終了ということで」なんてお声がかかるのかと内心ビクビクである。

それでもどうにかこうにか連載を続けさせていただいているのは、編集の方々のご厚意と、あとは読んでくださるみなさまのおかげである。この場を借りて御礼申しあげたい。

しかしながら、本になることはまずありえない。なぜかというと、理由はいたってシンプルで、出版しても採算が取れないからである（笑）。

よく聞かれる質問にお答えします

「あのコラムは先生が本当に書いているんですか。」

これもよく聞かれる質問である。よく考えるとこれは大変失礼な質問である。

この質問は2通りの解釈ができる。1つ目は、「あんな文章を先生なんかが書けるわけがない。別の人が書いているんでしょ」という疑念だという解釈である。

この場合は、作品自体を高く評価してくれているわけで、それはそれでありがたいのだが、私という個人への評価は徹底的に低いということになる。

2つ目の解釈は、「あんなひどい文章を、まさか先生が書いているんですか」ということである。

この場合、私という個人に対しての評価が高く、文章への評価が最悪ということになってしまう。

いずれの意味にせよ、私か文章かのどちらかが悪いということなのであろう。大変申し訳ないことに、本当に私が書いている。

「あの話は本当ですか、それともフィクションですか。」

これも通常のコラム期から、繰り返し質問されてきたことである。とくに小説形式にしてからこの質問が増えた。私の勤務する会社内でも、このコラムを欠かさずに読んでくださるかたも少しはいらっしゃるようで、さまざまな場面で、「あれ、本当の話なの?」とか「続きはどうなったの?」などとお声がけいただくことが多かった。

「あの話」が指すものがなにに当たるのかによるが、完全なるフィクションであるときもあれば、本当に起こった出来事を書いているときもある。筆者も人間であるから、当然ながらその人間の経験してきたことや触れてきた世界がどうしても作品には反映されてしまうものだ。

私の場合は本職の作家さんではないから、イマジネーションだけで口の悪い執事になったり、なんでも鑑定できる美人鑑定士になったりはできない。自分の体験をもとにして、ただ事実を並べるのではなく、調味料を少し振りかけてからお出しするくらいしか、素人の私にはできないのである。

つまり、本当のことをベースにしたフィクションであるというのが真実といったところであろうか。

コラムの執筆にかかる時間は…

いつのまにかQ&A集になってしまったが、流れがそのようなので、このまま続けることにする。

「あの文章を書くのにどれくらいの時間がかかるのですか。」

大変よい質問である。これもよく聞かれるのだが、私はいつも「まあ、ぼちぼち」としか答えない。なぜかというと、定まっていないからである。時間が途方もなくかかることもあれば、30分から1時間程度で仕上がることもある。「降りてきている」と言ったらよいだろうか、自然と筆が動いてしまうときは、もうしめたものでチャッチャと終わってしまう。

しかしながら、なんのインスピレーションも湧かないときは、まったく筆が動かない。書いても書いても全然話がうまく進まない。結局消してしまって、また振り出し…なんてこともある。

ちなみにこの原稿を書いているいま現在は午前3時40分である。書き始めが午前1時くらいであるから2時間半くらいかかっている。今回は、まあ大変な部類に入るのであろうか。

小説のときは登場キャラが勝手に動いて、勝手に話をするから楽なのだが、コラムはそうではないので時間がかかりがちではあるかもしれない。平均2時間くらいで3000文字というペースだと思う。

「私のことを書いたでしょ。」

ときどきこういうことをおっしゃるかたも…。申し訳ないが、あなたのことは書いていません。ご安心ください。小説に登場した人物のモデルが自分であるという主張なのだが、これは大いなる勘違いである。

また、コラムに登場した、私が否定的な表現で形容した人物は、じつは自分を指しているのではないか、というご指摘である。これまた勘違いである。文章を書く者として、「読み手」が文章の向こう側にいることはつねに意識をしているつもりである。不特定多数の目に触れるものを作る以上は、それにより個人が特定されたり、他人から指をさされるようなことをしてはならないと、これでも考えている。

ゆえに、遠く離れた過去の実在の人物が登場することはあっても、身近なかかわりのある人間を登場させたりはしない。個人が特定されたりはしないように注意を払って文章を書いているつもりである。

「いつまで書くつもりですか。」

これもよい質問である。この質問をしてきたのはとある中学生であったのだが、この言葉だけを見ると「いつまでこんな駄文を書いているのですか」と大変高飛車な発言のように見えるかもしれないが、そうではない。

これはちょうど小説を書いていたときの質問で、彼の質問の真意としては「いつまでこの話を続けて書くのですか」ということであった。私は前々回の号まで小説を続けてきたが、これは卒業していく中学3年生へ向けて書いていた作品であるので、卒業と同時にこの小説も終了しようと考えていたのである。話の内容としても、高校へと進学した時点で一旦終了した方が自然であろうと考え、そのようにした。

もっと広く考えて、このコラムをいつまで書くのかという質問に答えるのであれば、「読んでくれる人がいる限り、書く」といった回答がよいだろうか。ちょっと格好つけてみたかっただけである。実際には、編集の方々の意向によって決まる。

「もう、やめてください」と言われるまで頑張って書いていきたい。ということで、どうか応援してください。

国語

東大入試突破への現国の習慣

新しいことにチャレンジするチャンスの到来です。「恐れを知らない」ことを強みにしてしまおう!

田中《たなか》 利周《としかね》先生
早稲田アカデミー教務企画顧問

東京大学文学部卒。東京大学大学院人文科学研究科修士課程修了。文教委員会委員。現国や日本史などの受験参考書の著作も多数。早稲田アカデミー「東大100名合格プロジェクト」メンバー。

「グレーゾーンに照準」を合わせるのはなぜ?「慇・懃・無・礼?!」に秘められたオトナの意図とは?

新学年のスタートです。中学校に進学された新一年生の皆さん、はじめまして! また、中学校生活にも慣れてきた新二年生の皆さん、そしていよいよ受験学年をむかえた新三年生の皆さん、今年度も一緒にがんばっていきましょう!

平成二十年にスタートしたこの連載も、四度目の春をむかえました。その間にページ誌面のレイアウトも変遷を遂げてきましたよ。筆者の写真が随分と大きくなったものです(汗)。最初はイラストのほうが、本人の写真よりも大きかったんですよ(笑)。でも、「いちばん」を目指す教育を掲げるワタクシとしましては、このイラストは大のお気に入りですので、むしろ本人の写真よりもイラストのほうが大きくてもいいんじゃないかな? なんて思っていたりしますが。

はじめてお目にかかる皆さんも多いと思われますので、この連載の趣旨を簡単に述べておきたいと思います。タイトルにもあります通り、東大合格につながるような読解力の養成を目標としています! 「早稲田アカデミー東大百名合格プロジェクト」のメンバーですからね、私は。中学生の皆さんには、随分と遠い未来に向けての計画のように思われるかもしれませんが、読解力の向上は「一日にして成らず」です。日々の習慣を見直して、一歩一歩、精神的成熟という「オトナの階段」をのぼることが、何よりも大切になってきます。そのための手助けとして、一緒に「オトナの教養」を身につけていこう! というのがこのコーナーの趣旨になるのです。毎回、オトナの事情を反映した「言い回し」や「四字熟語」を取り上げて解説を加えていきますからね。

議論の前提となるべき「共通の理解」が求められる国語の読解では、「他人と違わない」ことにこそ照準を合わせ、いわば妥協点を探ろうとする態度こそが必須とされます。多感な中学生であればあるほど、なんとなく面白くない態度に思えてしまいますよね。ここで「オトナ」と表記することで表現しようとしているのは、こうした面白くもない態度を甘んじて受け入れられるようになった人物、と解釈しておいてくださいね。国語の読解の際に求められる態度とは、まさに「このあたりでいかがでしょうか?」とおおよその線で折り合いをつけようとするスタンスに立つことに他ならないのです。それは端的に言えば「自分を捨てること」でもあります。なかなか割り切れるものではないでしょう? でも、このことを意識するだけで、国語の得点力は確実に上がるのです。

　さて、毎回取り上げる「言い回し」や「四字熟語」は違ってくるのですが、このコーナーのタイトルそのものはいつも同じです。それは「グレーゾーンに照準」と「慇・懃・無・礼」になります。解説を加えてみましょう。「グレーゾーン」について。英語では〝ｇｒａｙ ｚｏｎｅ〟と書きます。文字通り「灰色の領域」すなわち「ものごとの中間の領域」を意味する言葉になります。二つの明確な立場をそれぞれ白と黒に見立てて、その間の段階的なグラデーション（色彩の連続的な変化）の部分を示しているのですね。「グレーゾーンに照準を合わせる」というのは、白か？　黒か？　の単純化をやめて、あらゆる可能性を考慮するということです。

　「賛成か？　反対か？」答えだけを要求される場面においても、考え抜くことです。考えることを習慣にすること。それがこの連載の掲げる目標でもあります。

　「慇懃無礼」は「いんぎんぶれい」と読みます。これは「慇懃」と「無礼」を組み合わせた四字熟語です。「慇懃」とは「人に接する物腰が丁寧で礼儀正しいこと」。「無礼」はもちろんその逆ですね。「礼儀を欠くこと」を意味します。この「正反対」の熟語を組み合わせることで表現されるのが、「うわべはあくまでも丁寧で、実は尊大である」という態度になるのです。物事の一面だけを捉えていては、その本質を見誤ることになってしまいます。様々な角度から事象を眺めなくてはなりませんよ！　こちらもこの連載が掲げる目標なのです。

慇・懃・無・礼?!
今月のオトナの四字熟語
「金剛力士」

「こんごうりきし」と読みます。仏教の守護神であり、一般的には「仁王《におう》」の名前で親しまれていますよね。口を開いた「阿形《あぎょう》像」と口を結んだ「吽形《うんぎょう》像」の二体を一対としてお寺の表門などに安置されていて、腰に衣をまいただけの半裸の姿で、筋骨隆々とした肉体を見せてくれていますね。「金剛」とは、「最も硬いもの」を意味し、「金剛石」といえばダイヤモンドを指します。「力士」は「力の強い男」を意味し、相撲取りのことでもありますよね。ですから、「金剛力士」を英語で表現するとどうなると思いますか？　ダイヤモンドスモーレスラー（笑）。いえいえ、英語でも「コンゴーリキシ」「ニオー」で表記されています。

　おまけの知識として、ダイヤモンドが比喩表現として使われた場合に、どのような意味を表すのかを確認しておきましょう。以下に三つの例を挙げますので、それぞれどのような意味なのかを考えてみてください。①「黒いダイヤ」②「ダイヤモンドの心」③「瞳はダイヤモンド」さていかがでしょう？　①は石炭が重要な燃料として使われていた頃、ダイヤモンドのように貴重かつ利益をあげることから、そう呼ばれていました。「貴重なもの」を表す比喩ですね。ただし、燃料の主流が石油へ移行するのに合わせ、この表現も使われなくなりました。②は「ガラスのハート」との対比で考えてください。ガラスのようにもろくて壊れやすい繊細な心に対して、「何も私を傷つけることはできない」と強靭な精神を表す表現です。ここでは「硬い」を意味していますね。③は？　「貴重」でも「硬い」でもありませんよね。キラキラと輝く瞳を表現しています。ここでの意味は「輝き」になります。ダイヤモンドの持つ性質に合わせて、比喩表現の意味合いも変化しますのでご注意下さい。

　閑話休題。最も有名な「金剛力士」といえば、奈良の東大寺にある仁王像ですよね。作者の運慶の名前も有名です。皆さんは、夏目漱石の短編『夢十夜』をご存知でしょうか？　そこに運慶が登場するエピソードがあるのです。運慶は平安末～鎌倉初期に活躍した仏師（＝仏像をつくる職人）ですが、それが明治の世に、しかも東京の護国寺で仁王を彫っているという不思議な話です。護国寺は文京区にあり、筆者の家のすぐそばです。関係ないですね。夏目漱石が現在の文京区に住んでいたのですよ、実は。話の中で、運慶の仕事ぶりを見学する輪の中に漱石はいます。運慶の見事な仕事ぶりを評して、ある野次馬が呟《つぶや》くのです。「あれは木の中にあらかじめ仏像が埋まっていて、それをほじくり出しているだけだ」と。それを聞いて、漱石も家に帰って、鑿《のみ》をふるい仏像を彫り出してみようとするのですが、一向に仏像は出てこない…。

　皆さんも感じたことはありませんか？　名ピアニストが演奏するコンサートで、「音楽はあらかじめ楽器の中に仕込まれているのではないか？」と。素人はいとも簡単にできるのではないか？　と勘違いするのですが、そこには気の遠くなるような反復練習という過程が潜んでいるのです。けれども、たとえそうだとしても、少なくとも最初から「そんなことは無理だ」と思い込んでしまっては、できるものもできないというのもまた事実ではないでしょうか。「恐れを知らない」ことこそ、物事を始める際のアドバンテージなのです！　さあ、皆さんも、勇猛果敢にチャレンジです！　とりあえず仏像を彫り出してみよう！　と思うことが大切なのですよ。新学年のスタートは、その一歩を踏み出すチャンスです！

の割合で濃度2.5%の食塩水を加え続けながら加熱したところ、毎分 y gの割合で水が蒸発した。50分後、容器内の食塩水の濃度は変わらず、重さがはじめの2倍になった。x 、y の値を求めよ。　(慶應義塾女子)

<解き方>

(1)　加えた食塩の重さを x gとします。

	1%の食塩水	食塩	4%の食塩水
食塩水全体の重さ(g)	100	x	$100+x$
食塩の重さ(g)	$\frac{1}{100}\times 100$	x	$\frac{4}{100}\times(100+x)$

上の表にある「食塩の重さ」に注目して、

$\frac{1}{100}\times 100+x=\frac{4}{100}(100+x)$

これを解いて、$x=\frac{25}{8}$

(2)　50分間に加えた2.5%の食塩水の重さは $50x$ g、蒸発した水の量は $50y$ gです。また、水を蒸発させると、全体の重さは減少しますが、食塩の重さは変化しません。

	5%の食塩水	2.5%の食塩水	水	5%の食塩水
食塩水全体の重さ(g)	300	$50x$	$(-)50y$	600
食塩の重さ(g)	$\frac{5}{100}\times 300$	$\frac{25}{1000}\times 50x$	0	$\frac{5}{100}\times 600$

上より、食塩水全体の重さについて、

$300+50x-50y=600$　…………①

また、食塩の量について、

$\frac{5}{100}\times 300+\frac{25}{1000}\times 50x=\frac{5}{100}\times 600$　……②

が、成り立ちます。①、②の連立方程式を解いて、$x=12$、$y=6$

<答え>　(1)　$\frac{25}{8}$ g　(2)　$x=12$、$y=6$

2つの容器の間で食塩水をやり取りする問題も考えてみましょう。

問題3

Aの容器には x %の食塩水が100g、Bの容器には y %の食塩水が100g入っている。これらA、Bの食塩水について次のような操作をする。

①　まずAから食塩水20gを取り出しBに移し、よくかきまぜる。

②　次にBから食塩水20gを取り出しAに移し、よくかきまぜる。

この①、②の操作を合わせて1回の操作とする。このとき、次の問いに答えよ。　(城北)

(1)　1回操作後のA、Bそれぞれに入っている食塩水の濃度を a %、b %とする。このとき、$a+b$、$a-b$ を x 、y を用いて表せ。

(2)　この操作を3回繰り返した後のAに入っている食塩水の濃度(%)を x 、y を用いて表せ。

<考え方>　この問題のように、何回も混ぜ合わせる操作を行う問題では、右図のような流れ図を用いると全体の様子がつかみやすくなります。この図を利用して問題3と同様に、含まれている食塩の量をおさえていきます。また、(2)は(1)の結果を利用します。

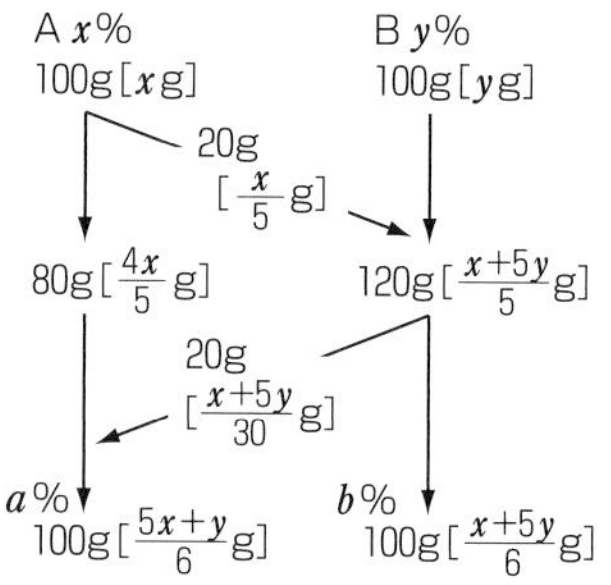

<解き方>

(1)　まず、はじめの容器Aと容器Bに含まれている食塩の量は、それぞれ、

$100\times\frac{x}{100}=x$(g)

$100\times\frac{y}{100}=y$(g)

次に①の操作では、容器Aから食塩水を20g取り出しましたから、容器Aに残る食塩水の重さは80gです。すると、100gの食塩水を1:4に分けたことになりますから、含まれる食塩の量も1:4に分けられます。

よって、容器Bの中の食塩の重さは $\frac{x}{5}$ gの食塩が加えられて $\frac{x+5y}{5}$ gになり、容器Aの中の食塩の量は $\frac{4x}{5}$ gになります。

続いて②の操作で、容器Bから食塩水を20g取り出しますので、含まれる食塩の量は1:5に分けられることになります。

よって、容器Aの中の食塩の量は $\frac{x+5y}{5}\times\frac{1}{6}=\frac{x+5y}{30}$ gの食塩が加えられて $\frac{5x+y}{6}$ gになり、容器Bの中の食塩の量は $\frac{x+5y}{5}\times\frac{5}{6}=\frac{x+5y}{6}$ gになります。

さらに、両容器とも食塩水の量が100gなので、上の値はそれぞれ濃度 a 、b の数値と一致します。したがって、

$a+b=\frac{5x+y}{6}+\frac{x+5y}{6}=x+y$

$a-b=\frac{5x+y}{6}-\frac{x+5y}{6}=\frac{2}{3}(x-y)$

(2)　2回操作後のA、Bそれぞれに入っている食塩水の濃度を c %、d %とすると、(1)より、

$c+d=a+b=x+y$

$c-d=\frac{2}{3}(a-b)=\frac{4}{9}(x-y)$

さらに、3回操作後のA、Bそれぞれに入っている食塩水の濃度を e %、f %とすると、同様にして、

$e+f=c+d=x+y$　………ⓐ

$e-f=\frac{2}{3}(c-d)=\frac{8}{27}(x-y)$　……ⓑ

よって、(ⓐ+ⓑ)÷2より、$e=\frac{35x+19y}{54}$

以上、代表的な割合の文章問題を見てきましたが、もう1度自分のノートで解き直して解き方のコツをつかんでください。

また、割合の問題では、必ず係数が小数や分数の文字式・方程式の計算が出てきますので、正解するためには確かな計算力も求められます。その意味でも解説を読んで理解するだけでなく、自分で答えを導く練習を繰り返すことが大切です。

WASE-ACA TEACHERS

数学

楽しみmath 数学！ DX

方程式の応用 割合の問題を攻略

登木 隆司先生

早稲田アカデミー　城北ブロック ブロック長
兼 池袋校校長

今月は、方程式の応用として割合に関する問題を見ていきましょう。

割合の問題については、次の関係をしっかり理解しておくことが大切です。

ポイント

・〜のx％　……〜×$\frac{x}{100}$

・〜のx％増し…〜×$(1+\frac{x}{100})$

それではまずはじめに、数量の増減に関する問題から。

問題1

ある学校ではリサイクル活動として、毎月、古新聞と古雑誌を分別して回収している。先月は、古新聞と古雑誌を合わせて1530kg回収した。今月は先月に比べて、古新聞が20％増え、古雑誌が10％減り、合わせて1581kg回収した。

先月の古新聞と古雑誌の回収量はそれぞれ何kgであったか。（石川県）

＜考え方＞　20％増→1＋0.2＝1.2（倍）、10％減→1－0.1＝0.9（倍）

＜解き方＞

先月の古新聞と古雑誌の回収量を、それぞれ$x$kg、$y$kgとすると、

先月の回収量から、

$x+y=1530$　………………①

今月の回収量から、

$1.2x+0.9y=1581$　……②

これを解いて、$x=680$、$y=850$

＜答え＞　古新聞の回収量…680kg、古雑誌の回収量…850kg

＜注意＞

上の解き方は、式の立て方としては基本に従ったものになっていますが、このまま加減法などで解を求めるのは少し計算が面倒です。そこで、②式から①式を引いて、

$0.2x-0.1y=51$　………③

を導き、これと①式を連立させると容易に解を導くことができます。

なお、③式は先月と今月の増減に注目した関係式になっています。

続いて食塩水の問題です。ここでは、含まれている食塩の重さに注目します。

問題2

(1)　1％の食塩水100gに食塩を加え、4％の食塩水を作りたい。食塩を何g加えればよいか。

（都立・産業技術高専）

(2)　濃度5％の食塩水300gの入った容器に毎分xg

英語

ニュースな言葉

top scorer

川村 宏一先生
早稲田アカデミー　教務部中学課　上席専門職

今年はロンドンオリンピック開催の年です。活躍が期待されている選手はたくさんいますが、とくに注目を浴びている女子サッカー選手と言えば？　そう、「なでしこジャパン」のあの選手です。今回は彼女を紹介する英文を見てみましょう。

Homare Sawa was top scorer and tournament MVP. FIFA has named her Women's World Player of the Year !

今回の英文は固有名詞とスポーツ用語が混ざっているので、訳しにくいと感じるかもしれませんが、文法的にはそれほど複雑ではありません。まずは英単語の解説から。

“scorer”は、名詞“score（得点）”の語尾に“(e)r”をつけて、人を表す英語になっています。同様の例に“player（プレイする人、選手）”“teacher（教える人、教師）”などがあります。“scorer”が「得点する人」、ということは“top scorer”で「得点王」の意味になります。よく聞く“MVP”は“most valuable player”の略で、直訳すると「最も価値のある選手」、つまり「最優秀選手」ということです。“FIFA”は「国際サッカー連盟」のことですが、ニュースでもそのままFIFAと言われることが多いので、みなさんもすぐにわかったのではないでしょうか。

さて、今回は2つ目の英文で現在完了形（have + 動詞の過去分詞形）が使われています。ニュアンスが難しいので要注意。では、なぜ現在完了形が使われているのでしょう？現在完了形は、過去に起こったことが現在まで続いている場合に使います。今回の場合は、過去にMVPに選ばれてその名誉が現在まで続いているというニュアンスです。今回の現在完了形は、出来事の完了・結果を表す用法です。日本語にするとどうなるか訳してみましょう。

“FIFA has named her（国際サッカー連盟は、彼女に名づけた）”、どのような名前を与えたかと言うと“Women's World Player of the Year（女子年間最優秀選手）→ニュアンス「だから彼女はその栄光がいまでも続いているんだ」

この女子サッカー選手は素晴らしい成績を収めた結果、世界一の賞をもらい、いまなおその状態でいるので、ある瞬間を表す過去形ではなく現在完了形が使われているんですね。

では、1つ目の英文からこのニュースを訳してみましょう。“Homare Sawa was a top scorer and tournament MVP.「澤穂希選手は、得点王で、またトーナメント最優秀選手だった。」”／“FIFA has named her Women's World Player of the Year.「国際サッカー連盟は、彼女を年間女子最優秀選手に選出した。」”

現在完了形で表現すると、実際2012年中は澤穂希選手が「年間（を通じて）女子最優秀選手」であること（状態）がより明確になります。みなさんも志望校合格と言うゴールの瞬間を心に描いて走りぬこう！

基本の確認

現在完了形は「経験」を表すときにもよく使われます。例えば“Have you been to China?（中国に行ったことがありますか。）”は、今現在までの経験を尋ねているのです。“I went to China two years ago.（私は2年前に中国に行きました。）”のように、「中国に行った」という過去の事実を表す場合は過去形を使います。“two years ago（2年前に）”というように、はっきりと過去を表す語句が続いていることで、現在完了形では表せないことがはっきりとわかります。

教えて！ マナビー先生

プロフィール

日本の某大学院を卒業後海外で研究者として働いていたが、和食が恋しくなり帰国。しかし科学に関する本を読んでいると食事をすることすら忘れてしまうという、自他ともに認める"科学オタク"。

世界の先端技術

風レンズ風車

発想の転換で生まれた効率的な風力発電装置

「風レンズ風車」は小型ながら弱い風でも効率よく回る
（写真提供／九州大学応用力学研究所）

地球温暖化の原因となるCO_2を出さないクリーンな風力発電が注目されている。風の力を借りるわけだけど、風はいつも吹いているわけではないので、風があまり吹かないときにどうするかが重要な課題の１つになっている。

九州大学応用力学研究所の大屋裕二教授のグループは、通称「風レンズ風車」という風車を開発した。弱い風でも、集めて強くすればよいだろうと普通には思える。太陽光発電などで集光レンズを使って光を集めるのと同じ考えだ。しかし、この方法はうまくいかない。大きく口の開いた洗面器の底を切ったような形状のものを風車に設置し、風上に向け、風を集めてみる。集めた風は、風自体の圧力で風の流れを押しとどめてしまい、思ったように風は流れない。それどころか、かえって風の力を弱めることになってしまうのだ。

その後、風車の羽の設計を進めるうちに、あることに気がついた。最初に考えた方法とは逆、入口より出口が大きい形状の方が、より風の流れを強くすることがわかったのだ。また、広げた出口に流れを乱す「つば」をつけると、つばによってその後方に渦が生じ、その渦による低気圧で風がより強く引き込まれることもわかった。風車の欠点の１つに、風切音による騒音があげられるけれど、この風レンズ用の囲いのおかげで騒音も抑えられた。こうして、従来より小型ながら弱い風でも効率よく回る風レンズ風車が完成した。

一般的に、風は陸地より海の方がよく吹いている。ヨーロッパではすでに海に多くの風力発電風車が建てられている。日本も海に囲まれているので、大変有望な風力発電の候補地だ。ヨーロッパと異なっている点は、日本には浅瀬が少ないことだ。どうやって風車を構築するかが課題になってきた。九州大学の応用力学研究所では、風レンズ風車を使った「複合海上発電ファーム」の実験を始めている。海でも錆びないようにコンクリートを浮きに使った浮き島を作り、風車を乗せた。浮き島は完成し、2011年の12月から実験がスタートしている。この浮き島は、単に風車を乗せるだけでなく、いろいろな目的に使えるように考えられている。実験がどんどん進み、将来、風車が実用できるといいね。風力だけでなく、波力、潮力など、海が持っているさまざまな力をうまく使えるようになることも期待されている。

ミステリーハンターQの

歴男歴女養成講座

山本 勇

中学３年生。幼稚園のころにテレビの大河ドラマを見て、歴史にはまる。将来は大河ドラマに出たいと思っている。あこがれは織田信長。最近のマイブームは仏像鑑賞。好きな芸能人はみうらじゅん。

春日 静

中学１年生。カバンのなかにはつねに、読みかけの歴史小説が入っている根っからの歴女。あこがれは坂本龍馬。特技は年号の暗記のための語呂合わせを作ること。好きな芸能人は福山雅治。

ミステリーハンターQ（略してMQ）

米テキサス州出身。某有名エジプト学者の弟子。1980年代より気鋭の考古学者として注目されつつあるが本名はだれも知らない。日本の歴史について探る画期的な著書『歴史を掘る』の発刊準備を進めている。

五・一五事件

海軍の青年将校に犬養毅首相が射殺された五・一五事件。「首相の暗殺テロ」という恐ろしい事件はなぜ起こったのか？

勇 1932年に海軍の将校たちが首相官邸に乗り込んで、政友会総裁だった当時の犬養毅首相を射殺した五・一五事件から、今年は80年になるんだね。

MQ そうだね。5月15日に起こったので、五・一五事件と呼ばれる。

静 首相を射殺するなんて、ずいぶんひどい事件ね。なぜ、そんなことになったの。

MQ 当時の日本は貧しく、とくに1929年に起こった世界恐慌は日本に深刻なダメージを与えたんだ。

勇 企業の倒産が相次いだって、読んだことがある。

MQ 失業者は街にあふれ、大学を出ても仕事がない、という状態だった。

静 なんか、いまと似ているみたい。

MQ 軍部の若手や右翼団体の一部の人は、政治家や財閥が腐敗していて、国民のことを考えないと強く非難をしていたんだ。そうしたなかで、1931年に満州事変が起こり、多くの人は事変を起こした軍部に期待したんだね。

勇 不況に対して政府がちゃんとした対策をとらなかったということ？

MQ それもあるし、二大政党といわれた政友会と民政党が足の引っ張り合いのような対立を繰り返していて、機能していなかったんだね。

静 ますます、いまに似てる。

MQ 1930年には民政党の浜口雄幸首相が東京駅で狙撃されて、翌年死亡。五・一五事件直前にも、血盟団という右翼団体のメンバーが井上準之助蔵相、団琢磨三井合名理事長を射殺する事件があった。

勇 テロだらけだったんだ。

MQ そこは、いまとは違うね。海軍軍人たちは首相官邸に表と裏から侵入して犬養首相を見つける。いったんは応接室に入ったんだけど、犬養毅が「話せばわかる」と言ったのに対して、「問答無用」と言って引き金を引いたんだ。このやりとりは流行語になったぐらいだ。

静 首相は即死したの。

MQ いや、しばらくは息があって、家族に「あの若者たちを呼んで来い。話して聞かせることがある」と言っていたんだけど、亡くなってしまった。五・一五事件を最後に、政党政治は終わりを告げた。

勇 二・二六事件はこのあとに起こるんだよね。

MQ 4年後の1936年だね。こうした一連の事件の結果、日本は軍部が政権を掌握して、世界との戦争に突き進んでいくことになるんだ。

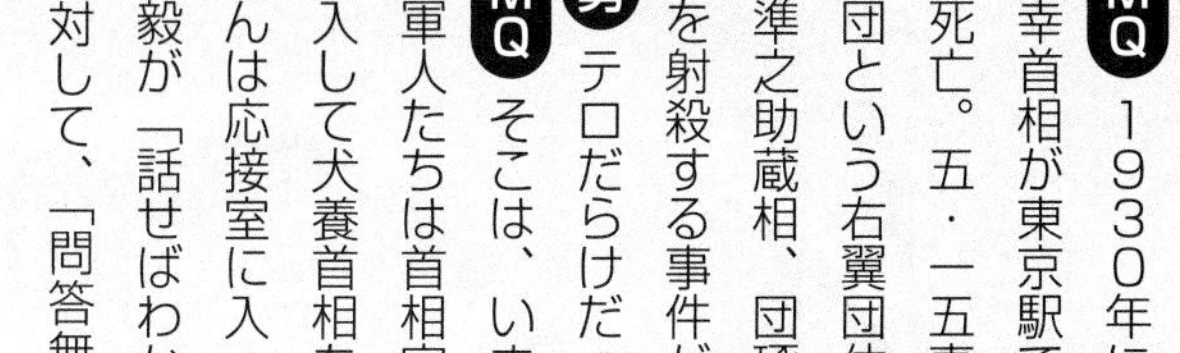

みんなの数学広場

問題編

答えは次のページ

TEXT BY かずはじめ
数学を子どもたちに、楽しく、わかりやすく、使ってもらえるように日夜研究している。好きな言葉は、"笑う門には福来る"。

初級～上級までの各問題に生徒たちが答えています。
どの生徒が正しい答えを言っているか当ててみよう。
もちろん、当てずっぽうじゃなく、実際に問題を解いてみてね。

上級

『△ABCと△ABDにおいてAC＜ADかつBC＜BDがいつも成り立つとします』
このとき∠Cと∠Dの大きさはどちらが大きいですか?

A
一目瞭然。
答え
∠C＞∠D
B
ズバリ。
答え
∠C＜∠D
C
よく考えると。
答え
∠C≧∠D

中級

1□2□3□4□5□6□7□8□9□10=100

□のなかに+、−、×、÷の記号を入れて上の式を完成させてみましょう。

どうでしょう、できましたか?

答えには
1+2+3+4+5+6+7+8×9=100
1×2×3−4×5+6×7+8×9=100
などがあります。

ほかにも探してみましょう。


さて、問題です。

このような式をなんと言うでしょう?

A
海外の人が名付けたんだよね。
答え
サニーサイドアップ算
B
少しずつ上にのぼっていく感じがするわ。
答え
上昇算
C
こんなビューティフルな式は小野小町のようだよ!
答え
小町算

初級

1本のロープを真ん中で半分に折り、その真ん中でさらに半分に折り、その真ん中をはさみで切ります。

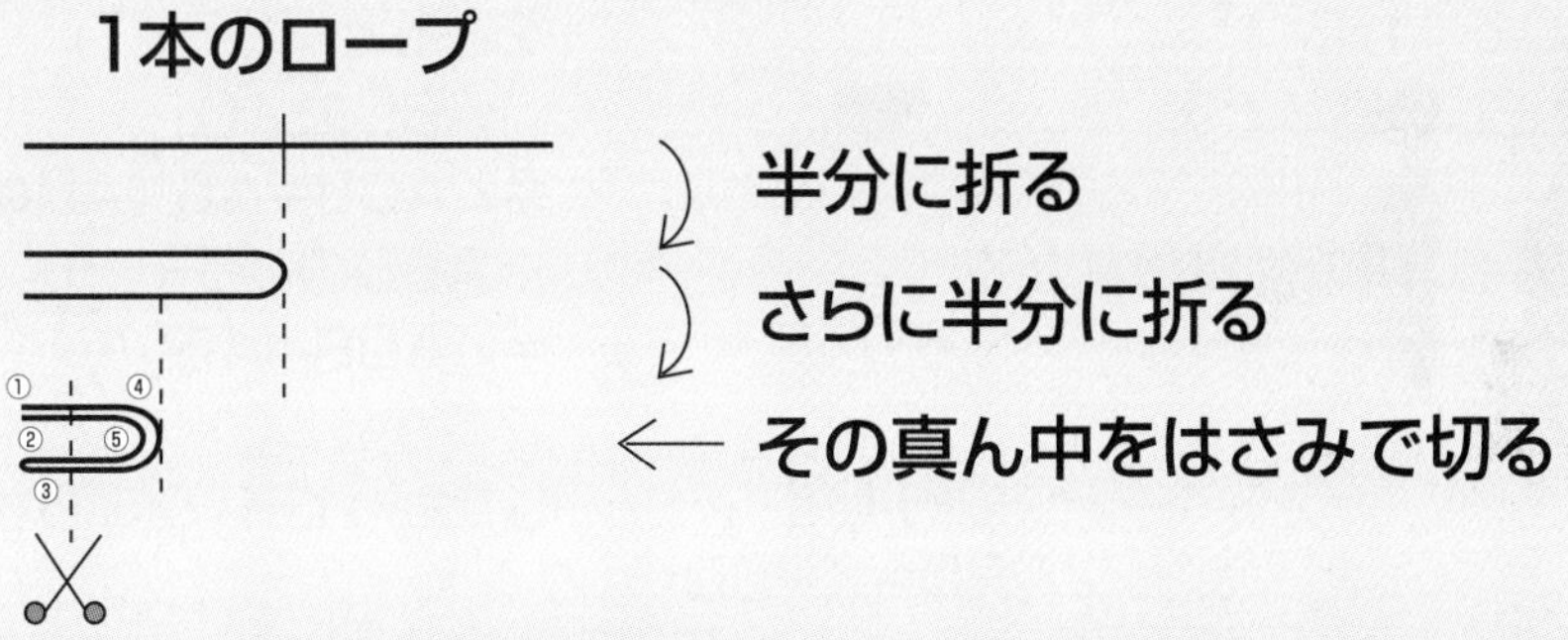
1本のロープ
半分に折る
さらに半分に折る
その真ん中をはさみで切る
①
④
②
⑤
③

このときロープは5本になります。

つまり、1本のロープを2回半分ずつに折って真ん中で切ると、5本のロープができることになります。

では、同じルールで1本のロープを3回半分ずつに折って、真ん中で切ると、何本のロープができるでしょうか?

A
1回折って半分に切ると3本だから
答え
7本
B
1回折るごとに2倍になるから
答え
8本
C
1番短いのが2本だから
答え
9本

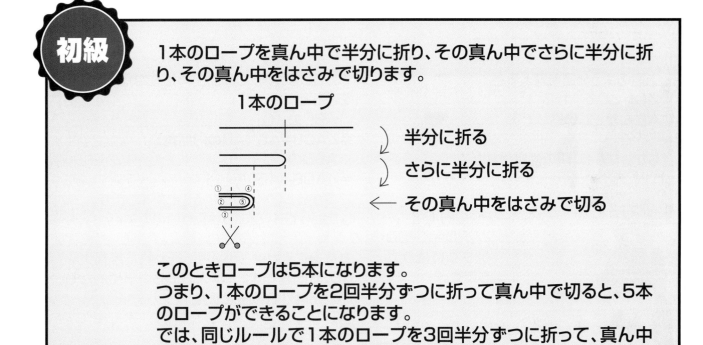

みんなの数学広場

解答編

上級

正解は　答え **C**

読めば読むほど難しい!?
△ABCと△ABDにおいて…平面?　空間?
いずれも大きくは変わらないのですが

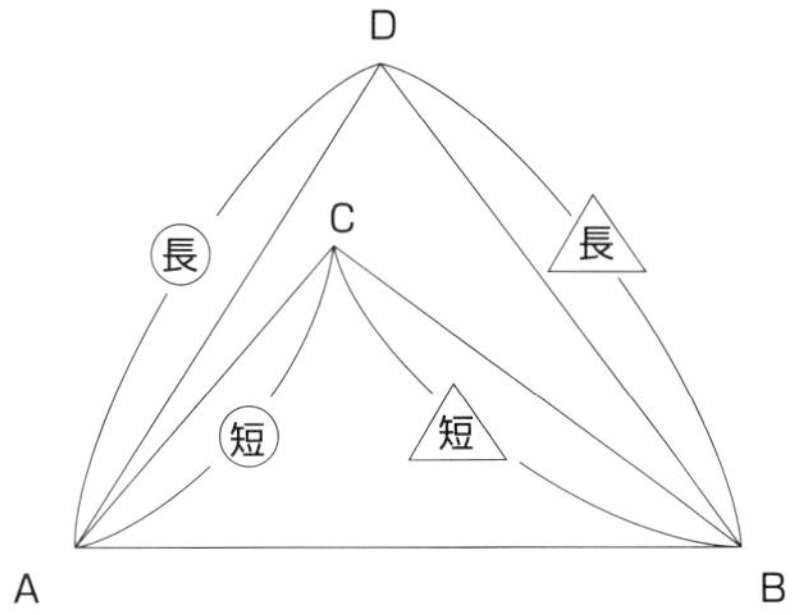

D
C
長
長
短
短
A
B

上図のような図を考えると
∠C>∠Dですから
Aさんが正しい感じです。

しかしながら、円の性質のなかで

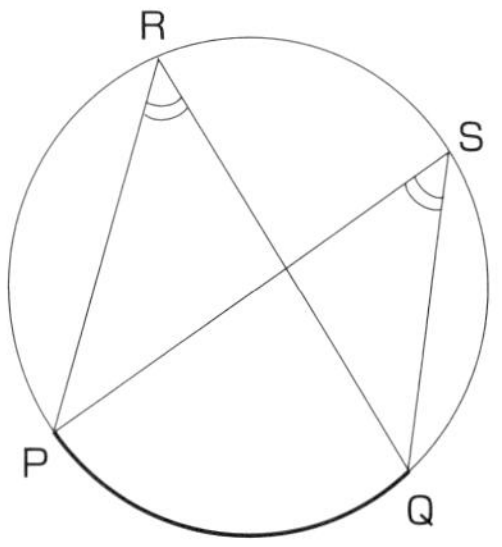

R
S
P
Q

$\widehat{PQ}$の円周角
∠PRQ=∠PSQ
がつねに成り立ちます。

これを使うと、円の中心をOとして、ADを直径にとり

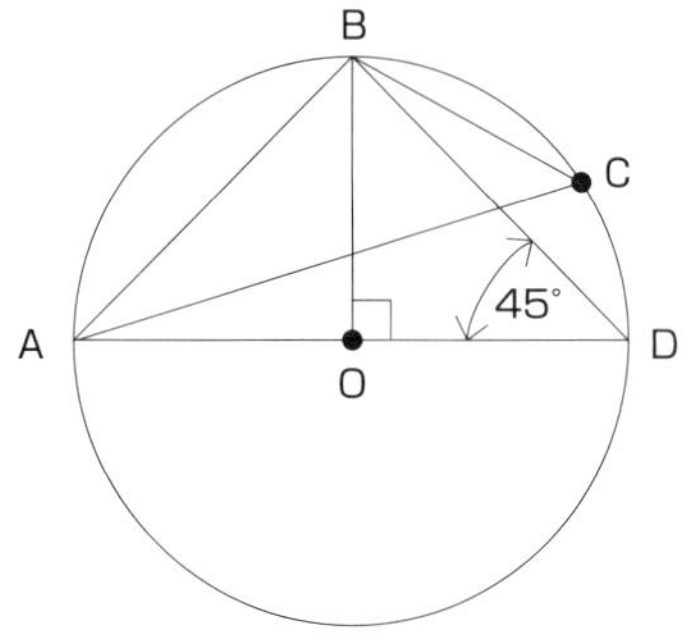

B
C
45°
A
O
D

△ABDが直角二等辺三角形になるようにBをとると
△ABCの∠C
=∠ACB=45°（$\widehat{AB}$の円周角）
△ABDの∠D
=∠ADB=45°
ですから∠C=∠Dとなることがあります。
したがって∠C≧∠Dが正しいのです。

ちなみにこれはこの2月に行われた京都大学の入試問題です。大学入試にも中学生的なものが出題されるんですね！

A
TOO BAD

確かに見た目はそうなりますね。
でもちゃんと計算しましょう。

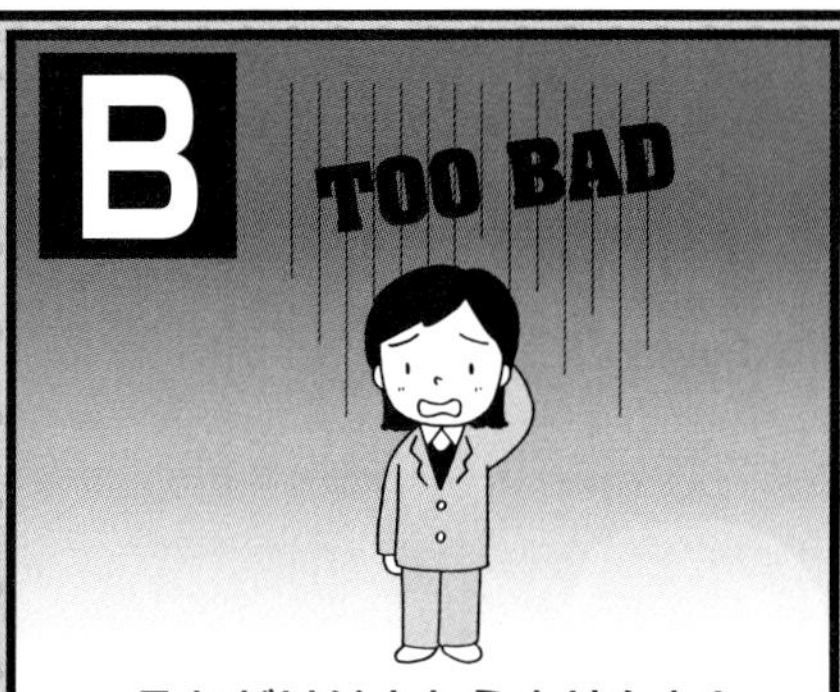

B
TOO BAD

それだけはありえませんね!

C
たいへんよくできました
Congraturation

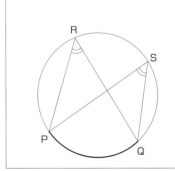

中級

正解は　答え **C**

小野小町のように美しい数式なので「小町算」と言われています。

A
TOO BAD

サニーサイドアップ算?
ん?　目玉焼き?

B
TOO BAD

上昇?　それも違います。

C
たいへん
よくでき
ました
Congraturation

初級

正解は　答え **C**

実際に書いてみましょう。

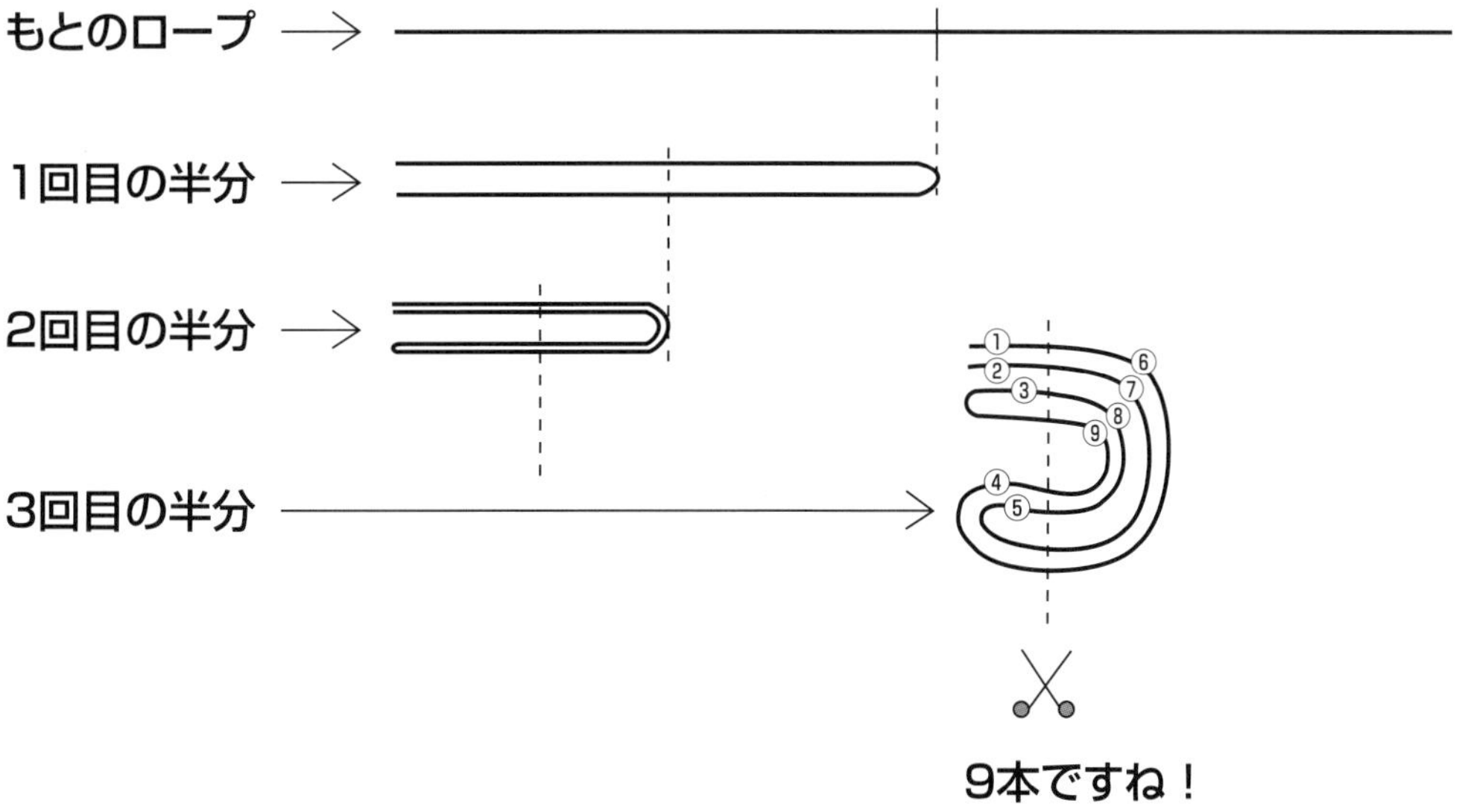
もとのロープ
1回目の半分
2回目の半分
3回目の半分
①
②
③
④
⑤
⑥
⑦
⑧
⑨
9本ですね！

A
TOO BAD

1回で3本、2回で5本だからと言って3、5、7と考えるのは安易だよ。

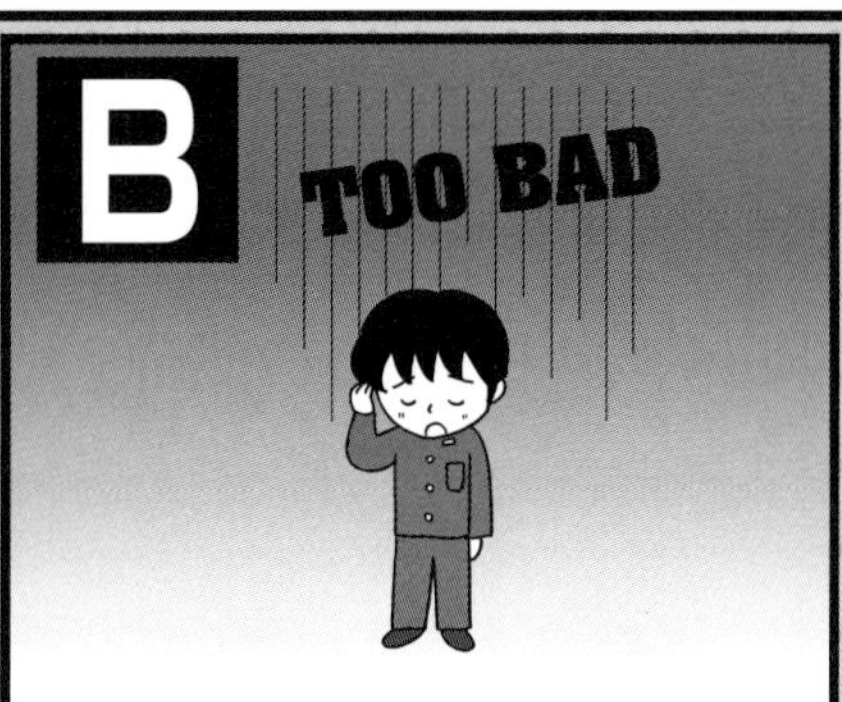
B
TOO BAD

切る前は真ん中に8本ありますが…。

C
たいへん
よくでき
ました
Congraturation

東京外国語大学

外国語学部4年

田《た》村《むら》 陽《よう》太《た》さん

就職してスキルを積んでから語学を活かしていきたい

一人旅が好きで休みがあれば東南アジアへ

――どうして東京外大を志望したのですか。

「国際関係に興味があり、日本から飛び出して自分が変われると思い志望しました。」

――マレーシア語を選択した理由を教えてください。

「じつは、東京外大に入りたかったのが一番で、そのほかに選択した理由はとくになかったんですが、受験するときに26言語のなかからマレーシア語を選択しました。専攻する言語のほかに教養外国語も履修しないといけないので、自分は興味があったスペイン語を選択しました。」

――マレーシア語を選択してみてどうでしたか。

「意外に英語と似ていたのと、ホームステイに行ったときに、会話ができてやりがいを感じました。

1年生の春休みにホームステイに行き、向こうの家族と1カ月間生活をともにしました。普通はホームステイをしながら語学の学校に行ったりして勉強するのですが、そうではなく自由な1カ月を過ごしました。そのあとにも2年生の夏休みにマレー半島を1周しました。1人旅が好きなのでタイ、ラオス、ベトナム、カンボジア、スリランカ、インド、バングラデシュ、ミャンマー、フィリピン、インドネシアにも行きました。移動は電車ではなくバスでします。バスの方がゆっくり景色などを見られるので好きですね。」

――それにしてもアジアばかりですね。

「自分が専攻しているのが東南アジアなので、『アジアについて知っておかないとなんの価値があるんだ』と思い旅行しました。そのなかでもバングラデシュが一番印象に残っています。1人だったので最初は怖かったのですが、講義でバングラデシュの公用語であるベンガル語を勉強していたのもあり、人々に珍しがられて、ご飯やお茶などをごちそうしてもらい、徐々に打ち解けていきました。バングラデシュは観光地が少ないせいか、旅行客もいなくてすごく珍しがられます。しかも行ったときがラマダーン（断食月）で、昼はどこのレストランも営業していなくてつらかったです。旅行客は飲食をしてもいいのですが、さすがに周りの目が気になって隠れて水を飲んでいました。事前に調べておけばよかったです（笑）。英語が通じない国でも、ボディーランゲージでなんとかなるので危険な目に遭わなかったです。」

――大学にマレーシア語専攻は何人くらい在籍しているのですか。

「ぼくの学年は11人です。講義を受けている感じではなくて、グループで意見を言い

1 得意な教科と苦手な教科

得意教科は数学と英語で不得意教科は理科でした。高校受験の数学は答えが１つで公式を当てはめれば、なんとかなるレベルだったので得意でした。

苦手な理科は暗記ものだとできるのですが、論理的に考える記述になると苦労しましたね。

2 勉強方法

学校の授業を大切にして、配られるワークを徹底的にやっていましたね。学校の勉強のほかに、市販されているワークなどもやっていました。また、英語は必ず予習をして授業に臨んでいました。

ノートの取り方としては、授業の板書をノートの左側に書いて、先生が話したことをノートの右側に書いていました。また、板書の部分に補足として大事なことを書き足していました。

3 受験生へのアドバイス

自分は意識の高い友だちと一緒に頑張ったことで、視野が広がりいい人に出会えました。ですから、勉強に限らずなにごとにも全力に取り組み、後悔のないように頑張ってください。

4 千葉東高校を志望した理由

千葉東高校は補習や先生たちの質がよく、面倒見がいいと周りから聞いていました。また、国公立大学に強い学校で、交通の便もいいため、さまざまな地区から来る生徒たちと接することができるので興味がありました。

さらにいくつかの高校の文化祭を見に行ったときに、千葉東高校の東雲祭《しののめ》（文化祭）が一番活気があり、自分に合っていると思い志望校にしました。

5 卒業論文

ゼミではバングラデシュの人口問題と開発について勉強しています。日本人の仕事観とバングラデシュ人の仕事観の違いや、どのような発展がバングラデシュの人々にいいのかを調べて卒業論文にしたいと考えています。

合う感じになっています。ですから教授との距離も近いです。東南アジア地域専攻の学生たちとも一緒に勉強することもあるので、そこでほかの言語の生徒と仲良くなったりします。

東南アジアの言語を選択している学生は少なく、多くても1言語20名くらいです。やはり学生が多いのは英語で70名くらいいます。」

――昨年、スピーチコンテストで優勝されたんですね。

「社団法人日本マレーシア協会主催のマレー語スピーチコンテストで優勝しました。それで今年の2～3月にかけて、マレーシアで開催された首相杯国際マレー語スピーチコンテストの日本代表として参加しました。72カ国の代表者と競い合い4位に入ることができました。」

――サークルはなにか入っていますか。

「1年生の頃はバスケットボール部に入っていました。入部した理由も、受験のとき、学校の昼休みに遊んでいて楽しかったのと、背を伸ばしたかったので入りました。当時の自分は単純で視野が狭くて、バスケットボールをしたら背が伸びると思っていました（笑）。

でもホームステイから帰ってきて、これからもっと1人旅をしたいと思い、アルバイトに精を出すようになって辞めてしまいました。

3年生の後期から東日本大震災のボランティアサークルに入り、これまで2回宮城県に行ってボランティア活動をしてきました。震災当日、ぼくはインドに滞在中で、向こうの人から『日本に10Mの津波がきたらしいぞ』と言われて初めて知りました。ですから、自分の目で確かめるために、実際に行って活動してきました。」

――では、最後に将来の夢を教えてください。

「大学生への情報サービスを提供している企業に就き、日本の大学生の地位をもっと底あげして、社会人と大学生の橋渡しをしたいと思っています。そしてスキルを積んでから、これまでの語学を活かした仕事に進んで行きたいと思っています。」

首相杯国際マレー語スピーチコンテスト　右から4人目が田村さん

頭をよくする健康

by FUMIYO
ナースでありママでありいつも元気なFUMIYOがみなさんを元気にします!

今月のテーマ　睡　眠

ハロー！　FUMIYOです。このコラムでは、みんなの頭がよくなるような健康に関するTOPICを扱っていきます。そんなに難しく考えず、勉強のちょっとした合間に読んでもらえるといいかな！

今月のテーマは「睡眠」です。みんな夜遅くまで頑張って勉強してる人も多いんじゃないかな。寝るのが嫌いな人はたぶんいないはず。私も寝るのは大好き！　でも、たくさん寝たからいいってものじゃないのです。みんなのなかでも「少ししか寝ていないのにスッキリ、ハッキリと目が覚めた」とか「たくさん寝たのになぜか眠い」と感じたことがある人もいるんじゃないかな。

これには、2種類の眠りが関係しています。

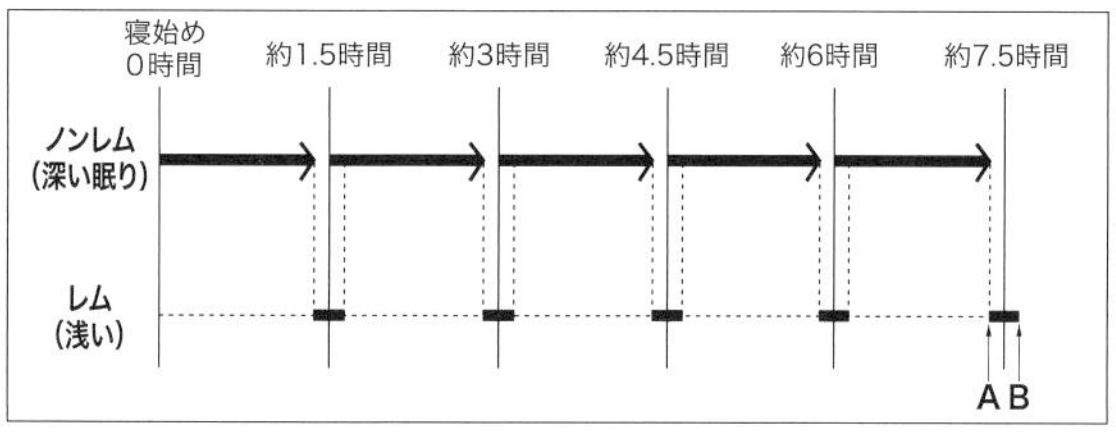

深い眠り…ノンレム（Non-REM）睡眠

寝始めの状態。揺り動かしてもなかなか目が覚めないくらい深い眠りです。この眠りは「脳の眠り」とも言われ、大脳がほとんど休んでいます。

浅い眠り…レム（REM）睡眠

寝始めてからしばらく経って（約90分）から始まる数分から10分くらいの浅い眠りです。このとき脳の機能としては、目覚めの状態に近いので、それまでまったく動かなかった眼球が動いたりします。このレム睡眠が終わったときに目覚めると、スッキリ・ハッキリとなります。

※REMとはRapid Eye Movementの頭文字を取ったものです。

レム睡眠のAとBの間で目覚まし時計がなると少しねむ〜いとなり、ちょうどBのタイミングで目覚まし時計がなるとスッキリ・ハッキリとなります。

最悪にもノンレム睡眠の間に起こされると、とても身体はつらく、ボーっとしてしまうことが多いようです。だからBのタイミングで起きられるように目覚まし時計をセットすると、気持ちいい朝を迎えられるはず。

休みの日にたくさん寝たりするより、毎日、一定の時間の睡眠を取れば、記憶力も増えて知識も増えます。つまり、頭がよくなるわけです！　睡眠時間を削って、夜遅くまで勉強して、睡眠不足になっていては記憶力も低下してしまうので、じつは悪循環です。

だから睡眠時間はちゃんと確保しましょう！　忙しいと言ってる人も、そのためには時間をムダにしないことが大切。さぁ、夜にボーっとするくらいなら、時間を中途半端にしないで、勉強するか布団に入るかハッキリしましょう。そして、スッキリした朝を向かえて頑張りましょう。ではまた来月。

Q1　野生の動物で、人間以外にいびきをかく動物はどれでしょう?

①ライオン　②キリン　③シマウマ

正解は①のライオンです。

野生界は弱肉強食の厳しい世界です。キリンやシマウマなどはいつ敵が襲ってきても逃げられるように立ったまま寝ます。そのため、いびきをかくほどゆっくり眠れないんですね。しかし百獣の王ライオンは敵なし！　ちなみに、動物園の動物やペットの犬や猫たちは敵に襲われることもないので、いびきをかくこともあるようです。

Q2　「早寝早起き朝ご飯」という国民運動を推奨しているのはどの省ですか?

①文部科学省　②厚生労働省　③総務省

正解は①の文部科学省です。

一見、健康のことなので厚生労働省かなとも思いますよね。ですが、子どもの成長に欠かせない「体をよく動かし、よく食べ、よく眠る」という基本的生活習慣が近年乱れがちであり、家庭だけではなく社会全体として取り組もうということで、文部科学省が国民運動として推奨しています。

第27回

あれも日本語　これも日本語

「蹴れ」「蹴ろ」はどっちが正しい？

サッカーの試合をしていて、味方がいつまでもドリブルばかりしてシュートをしないでいると、ついいらだって、「早く蹴れ」と怒鳴ってしまうことがあるよね。ところが、人によっては「早く蹴ろ」と怒鳴る人もいる。

「蹴れ」と「蹴ろ」、いったいどっちが正しいんだろう。

答えを先に言ってしまうと、「蹴れ」が正しい。では、なぜ「蹴ろ」は間違いで、それにもかかわらず、「蹴ろ」と言ってしまう人がいるんだろう。

「蹴る」は古文では下一段活用という特別な活用をする。下一段活用は「蹴る」の1つしかなく、活用は「蹴ず（未然）、蹴たり（連用）、蹴る（終止）、蹴るとき（連体）、蹴れば（已然）、蹴よ（命令）」で、「け、け、ける、ける、けれ、けよ」と活用する。

語幹は「け」だけなので、「け」が「え段」であることから、下一段活用という。

しかし、現代文では、「蹴る」は五段活用に分類される。活用は「蹴らない（未然）、蹴ります（連用）、蹴る（終止）、蹴るとき（連体）、蹴れば（仮定）、蹴れ（命令）」となり、さらに「蹴ろう（未然）」「蹴った（過去連用）」となる。語尾をみると、「らりるれろ」がそろっているので、立派な五段活用ということになるんだ。

すなわち、「蹴る」の命令形は古文では「蹴よ」であり、現代文では「蹴れ」ということになる。ちょっとややこしいね。このため、古文の命令形である「蹴よ」が頭にあると、ついつい、「蹴れ」と言うべきところを「蹴ろ」と言ってしまうんだ。古文を勉強し過ぎて間違ってしまったのかもね。

古文の動詞の活用は四段、上一段、下一段、上二段、下二段、カ変、サ変、ナ変、ラ変の9種類に分類されるけど、上一段は6種類しかないし、下一段は「蹴る」だけ。カ変は「来（る）」だけ、サ変は「す（る）」だけ。ナ変は「死ぬ」と「往《い》ぬ」の2つ、ラ変は4つしかないから、高校に入ったら暗記しておくと楽だよ。

ちなみに、現代文の動詞の活用は5種類だけで、古文の上二段、下二段、ナ変、ラ変は、すべて五段活用に分類されてしまったんだ。

サクニュー!!
ニュースを入手しろ!!

産経新聞
編集委員 大野敏明

今月のキーワード

秋入学 検索

今年の大学入試は終わりましたが、大学入学時期の在り方を検討している東京大学のワーキンググループは、現在の4月入学を全廃し、９月入学に全面的に移行するとの素案をまとめました。秋入学が世界的に主流であることから、海外から優秀な留学生を獲得し、また海外へも留学生を送り出すことを促進することなどが狙いです。

主要な世界の大学ランキングで、東大は毎年順位を下げていることもあり、秋入学で国際競争力をつけたいとの考えもあるようです。

東大は、この案を基に各学部が本格的な検討を行い、なるべく早い時期に学内での合意形成をめざし、５年後をめどに実施したい考えです。

日本の大学の頂点に立つ大学だけに、東大が秋入学に全面移行するとなると、他の大学にも大きな影響が出るのは必至です。大学だけでなく、大卒公務員や企業の採用などの面でも影響が出ることが予想されます。

秋入学のメリットは、海外からの留学生が入学しやすくなること、海外へ留学しやすくなること、学年の間に夏休みがあることで、新学年への準備に時間がかけられることなどがあげられています。

これに対し、春入学については、高校以下が春入学を実施していて、大学入学と継続性があること、国や各自治体の会計年度に合わせて、行事を組み立てられることなどが言われています。

入試について、東大は、これまで通り２・３月を予定しており、合格から９月の入学までの半年間をどう過ごすかが課題になります。

東大は「受験競争で染み付いた偏差値重視の価値観をリセット」し、ボランティア活動、勤労体験などをする期間としたいとしていますが、制度的に確立するには困難が予想されます。

学部の秋入学移行について、記者会見で質問に答える東京大学の浜田純一学長（左）（東京・文京区の東大）時事 撮影日:2012-01-20

また、インフルエンザなどが流行する２・３月入試をやめて、いっそ、６・７月入試に移行してはどうかとの案も出ています。

秋入学に関しては、すでに東大、早大、慶應大、上智大などの一部の大学では、部分的に実施されていますが、東大の素案発表後、他の大学からは春秋２回入学案や全面移行案、反対案などが出され、入試時期について議論が活発化しています。

しかし、東大内部にも反対論があり、すんなりと実現するかどうかは難しい情勢です。

みなさんが大学を受験する３、４年後はまだ春入学が続いていそうですね。

高校受験 ここが知りたい Q&A

Question

女子校は学校生活が難しい？

私立の女子高を第１志望としているのですが、友だちから「女子校は女子ばかりなので人間関係が大変だから、共学の方が楽しいと思うよ」と言われました。女子校だと男子がいないために視野が狭くなったり、将来、男子といっしょに物事を進めていくうえで支障があるものでしょうか。

（江東区・中2・H.Y）

Answer

「女子校だから」というデメリットはありません

女子校だから人間関係が難しくなるということはありません。共学校には共学のよさがあり、また女子校には女子だけの環境が生み出すメリットがあります。

確かに、女子校は生徒が全員女子ですが、そのぶん「異性の目をあまり意識せずに伸びやかに学校生活を送ることができた」と振り返る女子校出身者も数多くいます。また、共学校であれば力仕事など男子が担当するようなことも、女子校では女子が行うので、そうした部分でも、女子校だからこそ体験できることがあります。

高校が女子のみ、男子のみだからといって、視野が狭くなったり、のちに異性との交流に支障があるというようなこともありません。実際、大学生となって周囲を見わたすと、女子校出身者も数多くいますし、男子校からの学生もいます。高校が女子校であったか、共学校であったかで、なにかが決定的に違ったり、女子校に在学していたことがマイナスに作用するというようなことは、まずないと思います。

学校内容から、「この高校に入りたい」と思えるものがあるならば、その女子校を選択することは誤りではありません。よく言われるような女子校への負の先入観を持つことなく、学校内容を検討して高校を選択することをお勧めします。

今月の1冊

サクセス書評

5月号

『浜村渚の計算ノート』
著／青柳 碧人
刊行／講談社
価格／581円＋税

『浜村渚の計算ノート』

前代未聞の「数学テロ」に立ち向かうのは公立中学校に通う中学2年の女の子

日本の義務教育内容が大きく変わり、芸術科目が重視された一方、数学・理科の時間が大幅に削減されてしまった。

これに反対する天才数学者・高木源一郎が「数学の地位向上」を求め、テロ組織「黒い三角定規」を結成し、数学を利用した「数学テロ」を行うことを宣言する。

警察は、警視庁に「黒い三角定規・特別対策本部」を設置し、動き出したが、すぐに高木本人から衝撃的な事実が発表される…。

これはもちろん現実の話ではなく、今回紹介する小説『浜村渚の計算ノート』のなかの日本だ。一見ムチャクチャな設定に思えるけれど、読み進めていくと、登場人物の個性やストーリーにすぐに引き込まれてしまう。

主人公は、「黒い三角定規・特別対策本部」に所属する刑事・武藤龍之介と、千葉県の公立中学校に通う中学2年生の女の子・浜村渚。

高木が仕組んだ「ある出来事」によって、対策本部には数学が得意な人材を入れることができなかった。その危機を救うために連れてこられたのが渚だったのだが、当然、刑事たちの反応は「なんだこの子どもは」というもの。

でも、その見方を一瞬で覆した渚は、愛用の計算ノートとシャーペンを手に、武藤たちとともに「黒い三角定規」が仕掛ける恐ろしい「数学テロ」に立ち向かっていく。

立ち向かうといっても、渚は中2で身体も小さく、普段はボーっとしていて、運動能力や腕力では全然力にならない。でも、1つバツグンの能力があって、それは「数学が得意」ということ。普通の中学生レベルをはるかに超えた数学の能力で、事件を解決に導いていく。この解決方法が鮮やかなのだ。

数学の話が随所に出てきて、数学が苦手な人にとってはとっつきにくいかもしれない。でも、著者が「本当の意味での初心者向け」と書いているように、その内容はとてもわかりやすく書かれているので安心して読んでみてほしい。

ちなみに、この1冊だけでは「黒い三角定規」は壊滅せず、続編も刊行されている。

SUCCESS CINEMA

サクセスシネマ vol.27

強さを持った女性たち「母は強し」な映画

ロング・キス・グッドナイト

1996年/アメリカ/ニュー・ライン・シネマ/
監督:レニー・ハーリン

「ロング・キス・グッドナイト」ブルーレイ発売中
2,500円(税込)
発売元:ワーナー・ホーム・ビデオ

家族のためならどんなことでも

過去の記憶をなくした主婦サマンサ（＝ジーナ・デイヴィス）は、ある日を境に、突然命を狙われ始め、自分の過去になにかが隠されていると感じます。

そして、失われていた8年前からの記憶を取り戻すために自分探しの旅に出ます。

その主婦サマンサと道中をともにする弱気な三流探偵のヘネシーを、サミュエル・L・ジャクソンが好演。2人の絶妙なやりとりが急展開の後半シーンへ向けて、視聴者の気持ちを引き込みます。

後半は、一転して、レニー・ハーリン監督の得意とするアクションシーンの連続となります。製作費100億を投じたと言われる凄まじいバトルが続きますが、激しいシーンのなかにも母が子を想う気持ち、また子が母を想う気持ちが鮮明に描かれており、根底に流れる家族愛という壮大なテーマが緊迫感を盛りあげます。

ストーリー展開がわかりやすいぶん、感情移入しやすく、ドキドキしたり、笑ったり、泣いたり。純粋に映画を楽しむことができるエンターテイメントムービーです。

チェンジリング

2008年/アメリカ/ユニバーサル映画/
監督:クリント・イーストウッド

ユニバーサル シネマ・コレクション「チェンジリング」
2012年4月13日発売　1,980円(税込)
発売元:ジェネオン・ユニバーサル・エンターテイメント

陰謀にも屈しない母の愛

1920年代後半にロサンゼルスで起こったゴードン・ノースコット事件にまつわる実話を映画化。

子どもを誘拐され、その5カ月後に違う子どもを息子として押しつけられたシングルマザー（＝アンジェリーナ・ジョリー）に焦点をあて、当時のロサンゼルス市警察の汚職と、連続誘拐事件の衝撃的な事実を明らかにしていくというストーリーです。

その真相は、これが本当に事実であるのかと耳を疑いたくなるほどのものでした。

ロサンゼルス市警察の上層部による卑劣で横暴なパワーハラスメントと、連続誘拐犯の狂気を、クリント・イーストウッドならではの手法で、繊細に、そして痛烈に描いています。

汚職には制裁の絶望を、殺人鬼には死刑の恐怖をという表裏を描く一方で、唯一、この作品のなかで変わらぬ強さを持って凛として描かれていたものがあります。それは、一人息子を誘拐され、さらには市警察の陰謀に翻弄《ほんろう》されるという状況のなかでも、自分を見失わず、息子の生還を信じすべてを注ぐ母の強さでした。

パニック・ルーム

2002年/アメリカ/コロンビア映画/
監督:デヴィッド・フィンチャー

「パニック・ルーム」DVD好評発売中
1,480円(税込)
発売・販売元:(株)ソニー・ピクチャーズ エンタテインメント

サスペンスで描く母の強さ

夫と離婚した傷がまだ癒えぬ母メグ、そして糖尿病を患いながらも母を支える娘サラ。母1人子1人で新たな生活を始めようとするのですが、新居に移ったその日に、とんでもない事件に巻き込まれてしまいます。

そのカギとなるのが、タイトルにもなっているパニック・ルーム。

この部屋は、いわゆる「緊急事態に備えた部屋」。強盗など、万が一の事態に備えて12台のカメラで邸内を監視でき、外部からの電波はいっさい遮断、さらに鋼鉄の扉が設置されているというこの密室を舞台に、親子と強盗との壮絶な戦いが繰り広げられます。

見どころは娘が人質となってからの母の驚くべき行動。自らの命をもかえりみず、娘を救おうとするその姿は、すべてを覆す強さを秘めています。

強く勇敢な母親をジョディ・フォスターが熱演。監督は『セブン』（1995年）などの大ヒットサスペンスを手掛けたデヴィッド・フィンチャーで、この作品はサスペンス映画の巨匠アルフレッド・ヒッチコックに強い影響を受けていると言われています。

Success Ranking
サクセスランキング

東大合格者ランキング

今号のサクセスランキングは東大合格者数の高校別ランキング（３月16日時点）だ。今年も開成高校が東大合格者数全国１位に輝き、これで31年連続となった。しかも昨年より21人も増えており、２位の高校にダブルスコアをつけての独走。さあ、みんなの志望校がどのくらい東大に合格しているか見てみよう。

東大（前期）全国

順位	学校名	人数
1	○開成（東京）	193
2	○灘（兵庫）	96
3	○麻布（東京）	81
4	◇筑波大附属駒場（東京）	80
5	○栄光学園（神奈川）	69
6	○駒場東邦（東京）	67
7	○聖光学院（神奈川）	64
8	○桜蔭（東京）	54
9	◇東京学芸大附属（東京）	52
10	○渋谷教育学園幕張（千葉）	46
11	○海城（東京）	45
12	○東大寺学園（奈良）	42
13	○巣鴨（東京）	40
14	県立浦和（埼玉）	39
15	○久留米大附設（福岡）	33
16	県立千葉（千葉）	31
17	旭丘（愛知）	30
18	○浅野（神奈川）	29
18	○ラ・サール（鹿児島）	29
20	○広島学院（広島）	28

※◇国立、○私立、無印は公立

東大（前期）首都圏

順位	学校名	人数
1	○開成（東京）	193
2	○麻布（東京）	81
3	◇筑波大附属駒場（東京）	80
4	○栄光学園（神奈川）	69
5	○駒場東邦（東京）	67
6	○聖光学院（神奈川）	64
7	○桜蔭（東京）	54
8	◇東京学芸大附属（東京）	52
9	○渋谷教育学園幕張（千葉）	46
10	○海城（東京）	45
11	○巣鴨（東京）	40
12	県立浦和（埼玉）	39
13	県立千葉（千葉）	31
14	○浅野（神奈川）	29
15	◇筑波大附属（東京）	27
16	日比谷（東京）	26
17	○桐朋（東京）	25
18	○豊島岡女子学園（東京）	23
18	○早稲田（東京）	23
20	西（東京）	22
20	○女子学院（東京）	22

東大（前期）首都圏・現役

順位	学校名	人数
1	○開成（東京）	132
2	◇筑波大附属駒場（東京）	66
3	○聖光学院（神奈川）	50
4	○栄光学園（神奈川）	49
4	○駒場東邦（東京）	49
6	○麻布（東京）	47
7	○桜蔭（東京）	42
8	◇東京学芸大附属（東京）	32
8	○海城（東京）	32
10	○渋谷教育学園幕張（千葉）	30
11	○巣鴨（東京）	25
12	○女子学院（東京）	20
13	○浅野（神奈川）	19
14	○豊島岡女子学園（東京）	18
15	◇筑波大附属（東京）	17
15	○桐朋（東京）	17
17	日比谷（東京）	16
17	県立千葉（千葉）	16
19	○早稲田（東京）	15
20	県立浦和（埼玉）	14

Educational Column

15歳の考現学

偏差値前提の進路はナンセンス
自らの力量を自ら体得してこそ

私立★INSIDE

私立高校受験

東京・埼玉・千葉の
私立高校入試制度を見る

公立★CLOSE UP

公立高校受験

2012年度神奈川県
公立高校入試結果

BASIC LECTURE

高校入試の基礎知識

学校選びの基礎知識③
学校比較の注目ポイント

受験情報

monthly topics 1

埼玉公立

埼玉公立全日制で4万156人が合格

埼玉県内公立高校の全日制142校は3月9日、2012年度の入学試験合格者を発表した。定時制を含め4万7607人の受験者に対し、4万1636人が合格。内訳は全日制が4万156人、定時制は1480人だった。埼玉県の公立高校入試は平成24年度から、これまで前期と後期2回あった受験が1回だけとなった。県教育局は公立高校と公立中学校に調査を依頼し、制度変更による影響などを検証、分析する。全日制は27校で361人の欠員補充入試が3月中に実施された。試験内容、方法などは各高校による。

monthly topics 2

千葉公立

千葉公立全日制は3万4402人が合格

千葉県の公立高校の平成24年度入試での全日制合格者(入学許可候補者)は3万4402人だった(定員3万4040人)。内訳は、前期選抜と後期選抜ほかで、全日制3万4,320人。この結果、入学許可候補者が定員に満たなかった、全日制の13校15学科で「第2次募集」を実施した。「第2次募集」では、全日制の課程で82人が入学許可候補者となった。

Column 67

15歳の考現学

偏差値前提の進路はナンセンス
自らの力量を自ら体得してこそ

森上《もりがみ》 展安《のぶやす》

森上教育研究所所長。1953年、岡山県生まれ。
早稲田大学卒業。進学塾経営などを経て、1987年に「森上教育研究所」を設立。
「受験」をキーワードに幅広く教育問題をあつかう。近著に『教育時論』（英潮社）や『入りやすくてお得な学校』『中学受験図鑑』（ともにダイヤモンド社）などがある。

　少し以前、高校受験のスタンダードは偏差値55くらいから上なら普通科に進学する、それより下位の成績層は就職を前提とした商業科等の専科に行く、というスタイルでした。

　いまでも、いわゆる公立のそれなりのレベルの学校に進学させようとすれば、そうした成績を得る必要があるという実情は変わりません。

　ただ今後公立校の収容枠が、東京のように中位校で広がり始めると、こうしたかつての基準も緩和するかもしれません。なにより私立高校は公立高校からこぼれ落ちる上位層や下位層を受け入れるしかないので（私立の学費を支払える層はそう多くなく、中流家庭ではどうしても公立高校進学が前提になる）、下位層受け入れの私学の基準は学力面で相当に緩まざるをえないと思います。

　普通科での実情は大学進学が前提です。果たして入り口での基準がゆるゆるで、出口の大学受験は大丈夫なのか、という懸念がこうした入り口での規制につながってきました。

　いまの大学はじつはさまざまで、かつての専門学校のような入りやすさのところも少なくありません。

　大学という出口が多様なので、高校の入口は成績中下位層の場合、学力での選抜より、高校生活を健全に送れるかどうかにかかってくるようです。

成績から見える進路への展望が様変わりしてきた

　つまり、以前の親世代のように大学進学まで、成績層によって、いわばトコロテンのように進路が自動的に決まってくる、というようなことはなくなっているということです。

　もちろん、成績上位層にとっては昔ながらのメカニズムはむしろ働いていて、偏差値が65以上もあれば行き先の高校も、その先の大学もターゲットが見えてきます。例えば偏差値が75もあれば、周囲の進路担当者は医学部進学や難関国立大等の法学部（東大文Ｉ）などへの受験を勧めるでしょう。

　確かに高度専門職であれば高い能力が必要とされますし、収入も社会的威信もそれに伴うことが予想されます。

　ただ、これもそれらの職業につきたいかたばかりでもないのと、すでにメガバンクや証券会社などいわゆる優良企業といわれたところや、国家公務員などにも「安定して魅力的」というイメージを求めるのは難しくなってしまいました。

つまり高偏差値なら進路先がおのずと決まってくるかというと、必ずしもそこに明確な視界が開けているわけでもないのです。

シンガポールでは高校進学で将来が決まる

さてここからがみなさんに伝えたい本論です。要は、成績で進路が決まるようなことは、いまはまったくないということです。むしろ成績に任せて進路が決まるならば、その先には「漂流」が待っていることも少なくありません。

例えば以前の日本の会社には専門職は少なくて、ジェネラリストといわれるいわゆる事務屋が法学部の主な行き先でした。

いまでもその流れはありますが、ＩＴの発達とグローバリズムでその採用枠は大幅に減っています。本来はどんな仕事場でも「押しがきいた」法学部出身者も、そうそう行き先があるわけでもないのです。

中学までの義務教育から、高校からは（タテマエ上は）自由選択の進路であることが、かつては高校受験の強い動機付けでした。メリトクラティックという言葉がありますが、進学先・所属先に向けたメリットが明確にあったのです。

いまでもこのメリトクラティックいう言葉が生きている国にシンガポールがあります。ここでは行く高校によって進路が大きく異なり、高いレベルの高校に進学すればアメリカやイギリスの高いレベルの大学に行け、かつ、シンガポールも含めて海外企業や国際機関での就職率も高いのです。その代わり優勝劣敗の差は明確で、レベルの低い高校に行った場合はこうしたエリートとはまったく違う人生が待っています。

よって高校受験こそがまさに人生の岐路であり、そこまでの過程も含めて選抜システムが厳しく稼働しています。

わが国との違いで、シンガポールの制度の一番大きな点は、これらの学歴を支える学校が全て国立だ、という点でしょう。親の収入で子どもの教育歴に差が出ないという点でこのシステムは土地公有制同様にひとつの理想型です。中国と似て国家主義が大きな柱になっているのです。

我が国の制度もこうした例を横に見ながら、どのように現状を改善していくか社会で議論を進めていかなくてはならない問題ですが、「教育」の問題はいつも当事者を抱えています。すなわち、いま、このコラムを読んでいただいているご本人であり保護者です。

つまり我が国ではシンガポールのような明確なメリトクラシーは望むべくもない一方で、生活はついこの前（80年代終わり）まで、国民の多くが中産階級だとアンケートに答えていたように総中流意識が健在で格差もそれほど感じていませんでした。しかし、いま格差は大きくなり、中産階級もアッパーミドルとロウワーミドルに両極分離しているのが実情です。

国内でも強みを育成できる学校文化を持つ学校もある

そうした現状で15歳のいまはどうあるべきなのでしょうか。

わが国はこれまで、海外との厳しい競争からは守られてきました。海を隔てて国土があるように、日本語という壁が国際化を緩和してきたのですが、これからはそうはいきません。

これまでのような受身の成績順の進路というだけではまさに海図も羅針盤もないようなものですし、成績それ事態、国内での相対評価だということが決定的な弱さになります。

国際的な評価に耐えるだけの学業達成をしていく力を備えたいものです。日本人のこれまでの活躍や業績から考えて国際的な基準をクリアすることはできるはずです。

ただどうしたらそのような意欲、関心を自ら引き出していくことができるかが重要です。

理想的には当面の入試に向けて合格する力をつける一方で、基本スキルとして語学力、ＩＴリテラシーの獲得、そしてなによりもシンガポールや中国、韓国などひと足先に国際化にチャレンジしている東アジアの同年齢の若者と直に交流をするなどして自らの強さや弱さを知り、関心ある分野などを自省しながら深めていくことが最善です。

しかし、それは絵に描いたようにはいかないものです。実際、シンガポールなどでは、すでに社会的仕組みになっているのであって、わが国の受験の実情とはまるで違います。

そこでみなさんに提案したいのは、そのような自らの強みを、ユニークな仕組みを持っているわが国の私学や、育成のためのミニシステムを取り入れている公立などの学校文化を積極的に選ぶことで、学んでいったらいかがか、ということです。

私立★INSIDE

東京・埼玉・千葉の私立高校入試制度を見る

今回は首都３県の私立高校入試制度をお伝えします。神奈川県については、2013年度から公立高校の入試制度が大幅変更されるため、私立高校も制度変更が余儀なくされると見られています。その動きがまとまってからお伝えすることとします。

東京私立高校の入試制度

東京都の私立高校は、入試日程や選抜制度などを各校が独自に決めています。したがってその内容はさまざまですが、都内の私立高校の入試は大きく分類すると、1月下旬に実施される「推薦入試」と、2月中旬に実施される「一般入試」に分けて実施されています。

●推薦入試

基本的には学力試験（筆記試験）はなく、おもに面接と調査書によって選抜されます。

都内の私立高校推薦入試では、通常中学校の先生と高校の先生との間で行なわれる「事前相談」を経てから出願することになります。「事前相談」は12月の中旬、各私立校に中学校の先生がおもむく形で実施されています。

この「事前相談」のベースとなるのが「推薦基準」で、高校側から具体的な数値で示されます。ほとんどの高校では「内申」を基準数値としています。事前相談で推薦基準をクリアしていればほとんど合格という学校もあれば、推薦基準は出願のための最低ラインという学校（おもに難関校）もあり、基準数値の意味も学校によって違ってくるので注意が必要です。

また、推薦入試でありながら、受験生の学力を見極めるため「適性検査」を実施する学校もあります。この場合の「適性検査」は、学力検査に近いもので、相応の対策が必要となります。志望校の推薦入試形態をよく研究しておきましょう。

●一般入試

ほとんどの学校が国・数・英の3教科と面接での選抜となります。調査書も提出しますが、都立高校のように点数化はされません。

推薦入試とは別に、第1志望優遇制度や併願優遇制度などを実施している学校も多くあります。これらの制度も、基本的に中学校の先生と高校の先生との「事前相談」が必要となります。その際も内申基準をベースに相談がなされます。一般入試でも優遇制度を利用して受験した方が有利に扱われますので、志望校でどのような制度が実施されているのかよく調べておく必要があります。

埼玉県私立高校の入試制度

埼玉県公立高校の入試制度改編の影響から前期・後期の区分けがなくなり、県内私立高校はほとんど従来の前期期間である1月入試として、1月22日以降に実施されるようになりました。

この期間に単願入試・併願入試ともに行われます。多くの学校で学校推薦（おもに単願）や自己推薦（単願・併願）制度があり、内申による出願基準が設けられています。単願・併願入試とも3科の学力検査を実施する学校が多く、学力重視の選抜になっています。従来の後期期間（2月以降）に入試を設定している学校もありますが、募集枠は少なく2次募集的です。

埼玉県内の私立高校では、他都県の私立高校で行なわれる中学校の先生と高校の先生による「事前相談」はありません。受験生・保護者自身が各校の学校説明会や個別相談会で、合格の見通しを聞くことになります。

●1月入試

前述のとおり、埼玉県の私立高校では、1月入試のなかで「単願入試」も「併願入試」も行われます。

併願入試では、公立1校のみ併願可能な場合と、制限なく併願可能な場合があり、合格後に一時金を納入すれば（不要の高校もあります）、公立の合格発表まで入学手続きを待ってくれます。また、併願入試だけで受験日を2～4回設定する高校もあります。

1月入試は、各高校の推薦基準を満たしている生徒が受験することができますが、中学校長の推薦が必要な「学校推薦」と、必要としない「自己推薦」があります。

これらの推薦を受けるために必要なのが「個別相談」です。埼玉県の私立高校では、他都県のような中学校の先生と私立高校が面談する事前相談を廃止しているため、個別相談が行なわれています。個別相談は学校説明会（10～12月）で行われることが多く、受験生・保護者は直接高校から合否の見通しを聞くことができます。

選抜方法は、単願入試、併願入試ともに大半の高校で学力試験が行われます。高校によって、学力試験を重視する場合と個別相談で示された受験生の成績を重視する場合の2通りがあります。

1月入試には、上記のほかに特待生推薦・文化・スポーツ等特別推薦などを実施する高校もあります。

●2月以降入試

埼玉県の私立高校の2月以降入試は、当日の学力試験によって合否が決まる実力勝負の試験です。しかし、1月入試で募集人数の大部分が決まっていることと、「単願入試」などの名称で公立入試合格発表日（24年度は3月9日）以降に実施される入試もあるなど、他都県生向けや2次募集的な入試となっています。

千葉県私立高校の入試制度

千葉県内の私立高校は1月中旬に前期選抜、2月上旬に後期選抜が実施されますが、公立入試の一本化にともない埼玉県同様、前期選抜に応募者が集中します。

前期選抜期間中に推薦入試（単願・併願）だけでなく、一般入試も実施されていることもこの傾向に拍車をかけ前期募集のみしか実施しない学校（24年度は9校）もあります。8割以上を前期募集の定員とする学校がほとんどです。

●前期募集

前期募集では、推薦入試（単願・併願）と一般入試が行なわれます。

推薦入試では、学校推薦のほかに自己推薦制度を実施する学校もあります。学校推薦は中学校長の推薦書が必要で、おもに面接と調査書、作文などで選抜されます。しかし、最近では学校推薦であっても学力試験を実施する学校も増えてきています。それらの学校では推薦といっても不合格となる場合がありますので注意が必要です。

自己推薦や一般入試では学力試験が実施され、実力勝負の選抜となっています。学力テストを実施する学校は、ほとんどが3科目です。学校によって入試制度は異なりますが、同じ学校でも科やコースによって検査内容が異なる場合があります。志望校の入試制度をよく理解しておきましょう。

●後期入試

千葉の私立高校入試は前期選抜が主体となっており、後期選抜では、その定員も規模が小さく2次募集的です。入試は3科（国・数・英）の学科試験と面接で行なわれる学校がほとんどです。

公立★CLOSE UP

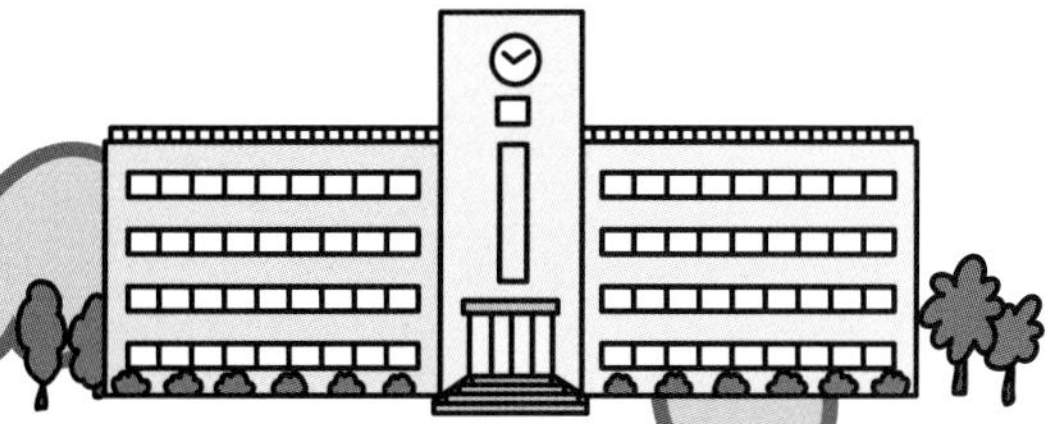

2012年度神奈川県公立高校入試結果

安田教育研究所　代表　安田理

2012年度の神奈川県公立高校入試では、後期選抜の倍率を上昇させた学力向上進学重点校が増えた。制度変更によって入試機会が一本化される2013年度の動向も占いながら、入試結果を振り返ってみよう。

上位校の人気が復調した後期選抜

２０１２年度が最後の実施となった現行入試制度。一本化される２０１３年度入試に近いのは前期選抜より後期選抜だろう。原則として全員に学力検査を課すので、前期選抜のように出願を避けるケースはなく、募集数も前期選抜より多いからだ。

２０１２年度公立全日制高校の後期選抜では３万１０９９人が受検し、２万２２３３人が合格。不合格者数８８６６人は一昨年の９２８４人、前年の８８７３人に次ぐ多さだった。平均実倍率は１・40倍。前年の１・41倍とほぼ同じで、公立高校の平均倍率としては高い状況が続いている。

学科別では普通科が１・40倍から１・38倍に、専門学科も１・40倍から１・35倍に下がっていて、前年１・33倍だった単位制普通科が１・50倍に上昇した。前年の倍率の低いところに受検生が集まり、高倍率だった学科は敬遠される傾向が表れている。

毎年人気の高かったクリエイティブスクールも例外ではなく、３校の平均倍率は３・28倍から２・55倍に下がっている。

実倍率上位10校では、前年、**横浜翠嵐**と**光陵**の２校しかなかった学力向上進学重点校が半数を占めるほど増えている。前年の安全志向の強さの反動からか上位校をめざそうとする受検生が増えたようだ。

学力向上進学重点校で最も倍率が高かったのは**湘南**で１・95倍。以下、**川和**、**横浜翠嵐**、**柏陽**、**相模原**と続いている。前年度学力向上進学重点校のトップであった**横浜翠嵐**は、人口増に対応して募集を増やしたが、それでも高い倍率を維持している。**相模原**は今年度から募集を停止した**相模大野**からシフトした上位生を集めたぶん、倍率が上昇した。

学力向上進学重点校以外では、**市ケ尾**、**港北**、**新羽**、**白山**など横浜北部の学校の高倍率が目立つ。地域の人口の多さと交通の便のよさが受検生を集めているのだろう。

単位制普通科では、**神奈川総合**が国際文化コース２・15倍、個性化コース１・78倍と２コースとも高い倍率だったのをはじめ、**藤沢清流**１・84倍など、１・50倍以上の高校が半数を占めた。

受検者数上位10校では前年とその顔ぶれにあまり変化がなく、安定した人気ぶりがうかがえる。次年度から選抜制度が変更されても、人気のある上位校は相変わらず多くの受検生を集める可能性が高い。

一方、人数を見ると、**湘南**の増え方が突出しているが、全体的には横ばいに近いところが多い。人口が増加しているので前年並みなら受検者数も増えていて当然なのだが、それだけ多くの高校に受検生が分散したのだろう。

また、前期選抜合格者で入学辞退

■2012年度 後期選抜実倍率上位校（普通科）

1位	白山	1.98倍
2位	湘南	1.95倍
	綾瀬西	1.95倍
4位	港北	1.78倍
5位	市ヶ尾	1.77倍
6位	川和	1.75倍
7位	横浜翠嵐	1.73倍
8位	柏陽	1.72倍
9位	新羽	1.64倍
10位	相模原	1.63倍
	湘南台	1.63倍

■2012年度 後期選抜受検者数最多10校

1位	湘南	563人
2位	横浜翠嵐	477人
3位	川和	392人
4位	市ヶ尾	360人
5位	柏陽	342人
6位	横浜市立桜丘	330人
7位	平塚江南	304人
8位	多摩	298人
	港北	298人
10位	海老名	297人

■2011年度 後期選抜実倍率上位校（普通科）

1位	永谷	2.10倍
2位	愛川	1.87倍
3位	逗葉	1.86倍
4位	新栄	1.83倍
5位	横浜翠嵐	1.78倍
6位	川崎市立橘	1.77倍
7位	大井	1.67倍
	川崎北	1.67倍
9位	横浜立野	1.66倍
10位	光陵	1.64倍

■2011年度 後期選抜受検者数最多10校

1位	湘南	470人
2位	横浜翠嵐	444人
3位	川和	357人
4位	市ケ尾	323人
5位	横須賀	311人
6位	柏陽	308人
7位	平塚江南	306人
8位	横浜平沼	304人
9位	永谷	294人
10位	多摩	291人

した数が多かったのは**横浜翠嵐**の20人で、**市ヶ尾**の4人、**湘南**と**川和**などの3人とは大きな差がある。前年**横浜翠嵐**は17人で2位の**湘南**が7人だった。それだけ、**横浜翠嵐**の早慶など難関大学附属校との併願者の多さがうかがえる。**湘南**の欠席者が減っているのは、第1志望者の増加による。

同じように国私立難関大学附属校等との併願者をはかるバロメーターになるのが後期選抜受検後の取消者数だ。こちらでも**横浜翠嵐**が63人で最も多く、41人の**湘南**が2番目に多かった。前年は**横浜翠嵐**57人、**湘南**36人だったので、あまり変わっていない。

取消者数を受検者数から除いた実倍率は**横浜翠嵐**1・51倍、**湘南**1・81倍に下がる。どちらも高い合格ラインに変わりはないが、突出して高い倍率ではないことがわかる。こうした学校では名目倍率は大きく異なる。

緩和傾向が続いた前期選抜

前期選抜では全日制高校1万9412人募集に対し4万214人が受検し、1万9555人が合格した。実倍率2・06倍は前年の2・12倍を下回り、最後まで緩和傾向が続く結果となった。

高倍率になる前期選抜では、**横浜翠嵐**や**湘南**をはじめ学力向上進学指導重点校の募集枠が限られているため、受検率が年々低下。学力検査がなく、内申点と面接ほかの各校が指定するさまざまな選抜方式によって合否が決まる前期選抜の受検を避け、後期選抜のみを受けようとするケースが今年度も増えたのだろう。

最も倍率が高かったのは、**横浜翠嵐**の4・04倍。前年の4・44倍よりダウンしているが人気の高さは圧倒的だ。その他の学力向上進学重点校の実倍率では**川和**3・52倍、**希望ヶ丘**2・57倍、**相模原**2・54倍、**湘南**2・50倍、**柏陽**2・48倍などが高かった。

一方前期選抜の募集枠が少ない学力向上進学重点校のなかで唯一、定員の半数を募集している**横浜国際**は前年の2・72倍から2・22倍に倍率を下げている。

学力向上進学重点校以外では、例年、安定した人気の**横浜平沼**が2・73倍から2・30倍、募集範囲が全県に拡大した**市立横浜サイエンスフロンティア**理数科が2・39倍から1・

96倍に倍率は緩和している。

選抜方法が変更される 次年度に向けて

2013年度入試では、いよいよ選抜機会が2回から1回になり、半数以上の学力向上進学重点校などで実施されていた学校独自問題がなくなり、すべての高校で学力検査と面接が行われることになる。

どのような入試になるのか不安に思う新受検生もいることだろう。

参考までに他県の例を紹介する。

埼玉では、2012年度から前期・後期2回の選抜を一本化した。その結果、全日制高校全体の実倍率は1・15倍だった。

おそらく、次年度の神奈川の平均倍率も今年度の埼玉とあまり変わらないのではないか。2回に分散していた入試機会が減る代わりに募集数は増えるのだから倍率が緩和するのは当然のことだ。

ただ、入試機会が1回になるうえ、前例がないため、公立中学では確実に合格できる高校を志望するような進路指導が増える可能性もある。

公立の志望校を確実に受検するには、まず内申点を少しでも高くとることが重要になるだろう。また、私立も選択肢の1つとして視野に入れておきたい。

最後に、2013年度の注目校を今春の東大合格者数に注目しながらあげておこう。

今春の大学入試結果で東大前期合格数を9人から19人に大きく増やした**湘南**の人気がさらに上昇するのは間違いない。現役での合格13人は高く評価されるだろう。

ここ数年は**湘南**と僅差だった**横浜翠嵐**も前年の9人から10人に増やしているが、**湘南**人気の影響で志願者数を減らすことも考えられる。

開校して3年目の**市立横浜サイエンスフロンティア**も3人が合格。1期生のため、すべて現役。初年度の高人気から受検生の敬遠傾向も見られたが、再び人気が上昇する可能性が高まった。

相模原2人、**横浜緑ヶ丘**、**厚木**も各1人合格者を出した。3校とも学力向上進学重点校の指定は遅く、学力検査では独自問題を使わず共通問題による選抜を行っていた。

湘南の東大合格者数倍増、**市立横浜サイエンスフロンティア**の東大3人現役合格は県内公立高校人気をさらに呼ぶことになりそうだ。

ご提案型の教育旅行会社って？

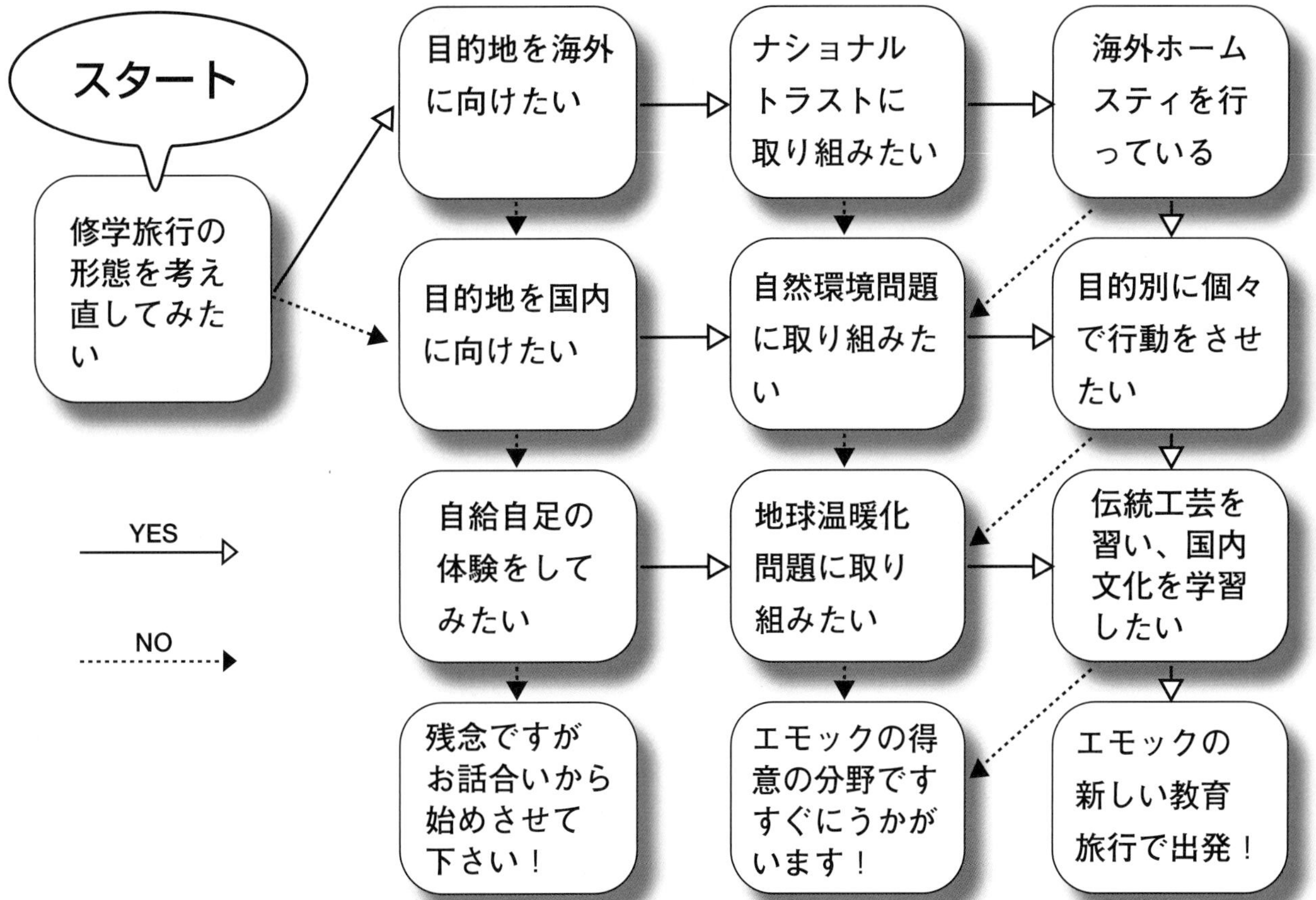
スタート
修学旅行の形態を考え直してみたい
目的地を海外に向けたい
ナショナルトラストに取り組みたい
海外ホームスティを行っている
目的地を国内に向けたい
自然環境問題に取り組みたい
目的別に個々で行動をさせたい
自給自足の体験をしてみたい
地球温暖化問題に取り組みたい
伝統工芸を習い、国内文化を学習したい
残念ですがお話合いから始めさせて下さい！
エモックの得意の分野ですすぐにうかがいます！
エモックの新しい教育旅行で出発！
YES
NO

従来の名所旧跡を訪ねる修学旅行から、最近ではさまざまなテーマを生徒個々または小グループごとにコンセプトメークしひとつの社会貢献の一環として、位置づける学習旅行へと形態移行しつつあります。

小社では国内及び海外の各種特殊業界視察旅行を長年の経験と実績で培い、これらのノウハウを学校教育の現場で取り入れていただき、保護者、先生、生徒と一体化した旅行づくりを行っております。

一例

- 海、山、川の動物、小動物の生態系研究
- 春の田植えと秋の収穫体験、自給自足のキャンプ
- 生ごみ処理、生活廃水、産業廃棄物、地球温暖化などの環境問題研究
- ナショナルトラスト（環境保全施設、自然環境、道の駅、ウォーキング）
- 語学研修（ホームスティ、ドミトリー、チューター付研修）など

高校入試の基礎知識

学校選びの基礎知識③
学校比較の注目ポイント

このページは、受験生や保護者のみなさんに「高校入試の基礎知識」を学んでいただくコーナーです。新学期が始まり、受験学年である中学校3年生のみなさんは、いよいよ学校選びを本格化させねばなりません。学校選択を始めようとするときに知っておいてほしい基礎知識をまとめました。

学力を伸ばすことが肝心

高校に進もうとするとき、中高一貫校の生徒でないかぎり、そこには入学試験という壁があります。そこに学力を量る壁がある以上、学校選びも学力という要素が大きなポイントになってきます。

学力が一定以上あれば、希望する高校に進学することができますし、これからの8カ月、さらに学力を伸ばせれば、希望する学校の幅ももっと広がります。

中学校では、進学指導をするとき、内申点を見ながら生徒や保護者と進路について相談します。

ですから、どこの高校に行くにしても、内申書が重要なのです。進路選択の幅を広げるためにも、日ごろの学習態度をしっかりとし、内申点を高く保っておく必要があります。学校の欠席もなるべく減らすに越したことはありません。

なかには「入試当日の筆記試験のみ」で合格者を決める私立高校もありますが、それらはごく一部に過ぎず、しかも難関校になりますので、「私は一発勝負で合格したい」という考えは感心できません。

さて、進学する学校を見極めるためには、次のようなことがポイントになります。

共学校か男子校・女子校か

学校行事などの生活面や、授業の雰囲気などが違ってきますから、共学校を選ぶか、男子校や女子校に進むかは、学業面にも影響があります。

自分が共学校向きか男子校、女子校向きかは、志望校選びを始める前に見極めておく必要があります。わからなければ、中学校の担任や部活の先生、塾の先生、また、友だちにも相談してみましょう。

私立校か公立校か

私立校はそれぞれ独自の教育理念で教育を行っていますので、その校風に合えば、とても充実した3年間を送ることができます。公立校も各校で特色を出そうとはしていますが、未だに全体に似たイメージがあるのは否めません。

私立校は、必要な費用が公立校よりも高くなります。

ただ、公立校の施設はほぼ30年は改修しませんので、学校によっては設備が不十分と感じられる学校もあります。

私立校の学費は高いとはいっても、学業優秀な生徒には授業料を免除する「特待制度」がありますし、行政側からの補助も増えていますので、はじめからあきらめることはありません。特待制度の基準は学校によって異なります。

普通科か専門学科か

大学進学を前提としている生徒は普通科を選びましょう。

普通科では、中学校と同じように現代文・古文・数学・英語・世界史・日本史・物理・化学などの一般教科を中心に学びます。

大学受験のためのカリキュラムも組まれており、文系・理系などに分かれて授業を行ったり、進学先別コース制を取り入れ、進学相談を定期的に行うなどして進学指導に力を入れています。

ただ、普通科のなかにも専門学科や総合学科がある学校があります。そこでは進路が限定されてしまうので注意が必要です。

私立校にはコースがさまざまにありますので、学校説明会などでよく調べることが大切です。進学後にコース変更するのはカリキュラムのうえで相当に難しくなるからです。

交通アクセスや立地条件

いくら「ここに行きたい」という高校でも、自宅から通うのに遠すぎたり、電車の乗り換えでの不便さなどが重なれば、通学するだけで疲れてしまいます。

学校説明会やオープンスクールに行くときは、実際の交通アクセスの状況や通学時間を試してみましょう。

学校の最寄り駅からの通学路も歩いて確認しましょう。近くに繁華街があると学校帰りに、つい寄り道……、などといったことにもなりかねませんし、在学中にトラブルに巻き込まれたりということも考えられます。逆によい環境も見つけましょう。学校の近くに図書館やコミュニティセンターなどがあれば、そこも学習の場と考えることができます。

交通の便の良し悪しを調べるためにも、志望する高校の通学路を一度は通ってみましょう。また、学校説明会などは土曜日の午後や日曜日が多くなります。実際の通学は平日のラッシュ時になることも頭に入れておきましょう。

入試の方法と入試教科

入試の方法では、学力試験一本という学校や、内申書の内容と面接という学校、作文・適性検査等による選抜など、学校により、また、入試回によりさまざまな方法があります。

公立高校を受験する場合は内申点が重要になります。また、内申点と学科試験の得点配分は、都県や学校によって違いますので注意しましょう。

受けようと思う学校の入試科目も要チェックです。3教科（英・数・国）なのか、5教科（英・数・国・理・社）なのか、面接の有無なども調べましょう。理科・社会が苦手な人は3教科受験の方が有利ですし、理社が得意な人は5教科の方が実力を発揮できる可能性が高くなります。

部活動や学校行事

高校生活では、勉強ばかりでなく充実した学校生活を送ることも大切です。部活動や学校行事はそのためにとても重要です。

受験しようとする学校にどんな行事や部活動があるのか、自分に合うかどうかをよくチェックしておきましょう。行事や部活動から学校の雰囲気もうかがえます。一般的に公立高校は、文化祭や合唱祭などの行事でとても盛り上がります。反対に私立の進学校は、公立校に比べ行事の準備期間が短くなることが多いです。

校風や教育方針

伸びのびとしていて、生徒の自主性を重視する学校、規律を重視し厳しく指導を行う学校。各学校にはそれぞれの校風があります。また、それを生み出す教育理念や教育方針があります。どちらがよくて、どちらが悪いということではありません。自分の性格に合う学校を選ぶことが重要です。

自分を律することができる人は、伸びのびした学校でも大丈夫でしょう。でも、その自信がなければ、面倒見がいい学校の方が無難といえます。

卒業生の進路

「大学進学実績」を公表している学校の場合は、その高校の大学進学に対する意気込みが数字から読み取れます。

「大学合格者数」の場合は注意が必要です。私立大学は何大学、何学部でも受験できますので、1人がいくつにも合格している可能性があることを頭に入れておきましょう。

お便りコーナー

サクセス広場

中学生になってびっくりしたこと

野球部の上下関係が厳しかったことにびっくりしました。小学校のときは１つ上の先輩にも敬語なんて使わなかったのに、いまでは敬語なしでは話せないぐらいです。
（中２・星ピューマさん）

夏のセーラー服が暑くてびっくりしました！　さわやかな感じで、憧れていましたが、実際着てみると全然涼しくない〜〜〜。
（中２・Ｙ・Ａさん）

今年中３になりましたが、去年１年間で身長が15cmも伸びました!!　周りの友だちも結構伸びてるけど、自分が一番でした。**成長期ってマジで成長するんですね。**
（中３・ノッポンくん）

電車やバスの乗車賃が中学生から**「大人料金」**になったことです。まだまだ大人じゃない気がするんですけど…。
（中２・Ｎ・Ｈさん）

みんな**長ズボン**を履いていること！　ぼくはまだ半ズボンでいいと思うんだけどなあ。
（中２・マルコメさん）

うちのお父さん、お母さん

うちの両親はいまだに**とても仲良し**です。毎日朝早く起きていっしょに散歩に行くし、出かけるときもいつもいっしょです。なんであんなに仲がいいのか謎です。
（中３・コナンさん）

うちのお母さんは**テンションの差がすごく激しい**んです。とくに料理は、やたらと気合が入っているときと、そうでないときの差が激しすぎて大変です。
（中２・クッキングママさん）

父が**サッカーを好きすぎて**困っています。父が家にいるときは、テレビでサッカー中継があると絶対それを見るので、私が見たい番組が見られません。お兄ちゃんもいっしょになって見てるし。もうやだ！
（中３・サッカーなんてさん）

親父は酔っぱらうとすぐにぼくに絡んできて激しくめんどくさいです。そして、翌日は**あんまり覚えてない**んです。なんで大人はお酒を飲むんでしょうか。
（中１・お酒はほどほどにさん）

うちの母は**韓流スターの大ファン**です。イベントやコンサートはもちろん、韓国旅行にも何度も行っています。本人が楽しそうなので、家族はそんな母を温かく見守っていますが、成田空港へお出迎えに行ったのにはびっくりしました（笑）。
（中３・yukkyさん）

好きなテレビ番組

「新世紀エヴァンゲリオン」というアニメがすごく好きです！　ただのロボットアニメではなく、登場人物の深い心情描写は同じ年代の私たちにとって共感できることが多いです。おすすめ！
（中３・53さん）

ドラマの「相棒」はいつも見ています。友だちには渋いって言われますが、主演の水谷豊さんの「我が道を行く」っていう感じに勇気づけられます。
（中３・ヘイポーさん）

討論番組が好きなので、月に１回のテレビ朝日の**「朝まで生テレビ」**をよく見ます。見ている友だちは少ないし、起きてるのがつらいのですが、おもしろいです。
（中２・アサナマさん）

ＮＨＫ**「生活笑百科」**です。音楽と漫才とお喋りを毎週楽しみにしています。でも土曜に部活があると見られない…。
（中３・土曜は部活禁止さん）

募集中のテーマ

「一度は行ってみたい場所」
「うちの学校、ここを変えたい！」
「好きな麺料理は？」

応募〆切 2012年5月15日

必須記入事項

A／テーマ、その理由　B／住所　C／氏名
D／学年　E／ご意見、ご感想など

ハガキ、FAX、メールを下記までどしどしお寄せください!
住所・氏名は正しく書いてください!!
ペンネームは氏名のうしろに(　)で書いてネ!
【例】サク山太郎(サクちゃん)

あて先

〒101-0047　東京都千代田区内神田2-4-2
グローバル教育出版　サクセス編集室
FAX:03-5939-6014　e-mail:success15@g-ap.com

ここにメールしてね!!

ケータイから上のQRコードを読み取り、メールすることもできます。

掲載されたかたには抽選で図書カードをお届けします!

掲載にあたり一部文章を整理することもございます。個人情報については、図書カードのお届けにのみ使用し、その他の目的では使用いたしませ

挑戦!!

拓《たく》殖《しょく》大《だい》学《がく》第《だい》一《いち》高等学校

問題

図のように，放物線$y=2x^2$と直線ℓが2点A，Bで交わっている。２点A，Bのx座標はそれぞれ$-\frac{5}{2}$，２である。また，直線ℓとy軸との交点をCとするとき，次の各問に答えなさい。

(1) 直線ℓの方程式を求めよ。

(2) △OABの面積を求めよ。

(3) 点Cを通り，△OABの面積を２等分する直線の方程式を求めよ。

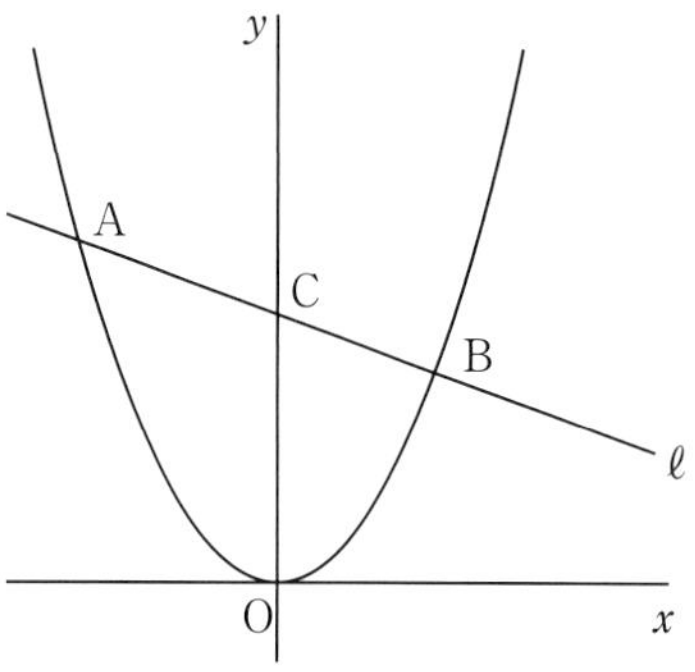

解答 (1) $y=-x+10$ (2) $\frac{45}{2}$ (3) $y=35x+10$

東京都武蔵村山市大南4-64-5

西武拝島線・多摩都市モノレール「玉川上水」徒歩3分

TEL：042-590-3311

http://www.takuichi.ed.jp/

学校説明会

第1回　10月20日（土）　10:00～
第2回　10月27日（土）　14:00～
第3回　11月10日（土）　14:00～
第4回　11月24日（土）　14:00～
第5回　12月 1 日（土）　14:00～
※特進コース説明会、個別相談会、校内見学あり

オープンキャンパス

7月28日（土）14:30～16:30
※来校は16:00まで

入試問題解説会（要予約）

8月25日（土）13:50～

文化祭

9月15日（土）10:00～15:00
　16日（日）9:00～14:00
※質問コーナーもあります

本《ほん》郷《ごう》高等学校

問題

一辺が４の立方体ABCD－EFGHがあり、DFの中点をPとする。このとき次の問に答えよ。

(1) △DEGの面積を求めよ。

(2) 四面体PDEGの体積を求めよ。

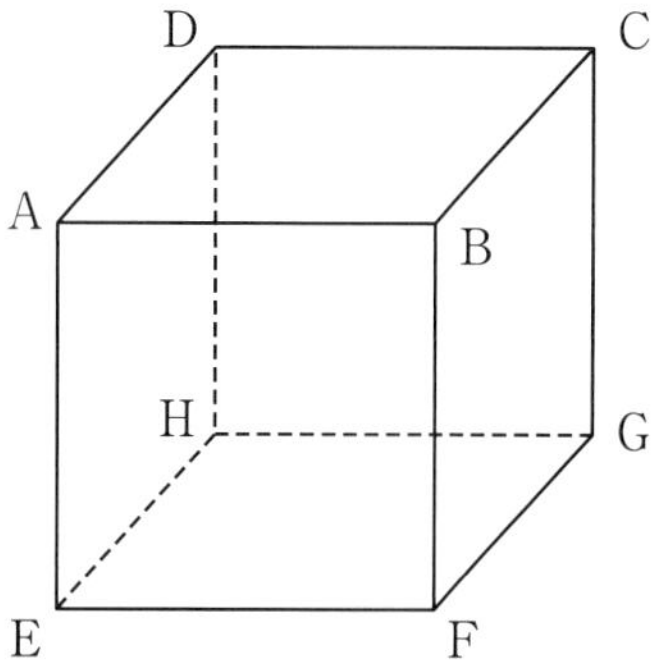

解答 (1) $8\sqrt{3}$ (2) $\frac{16}{3}$

東京都豊島区駒込4-11-1

JR山手線・都営三田線「巣鴨」徒歩3分、JR山手線・地下鉄南北線「駒込」徒歩7分

TEL：03-3917-1456

http://www.hongo.ed.jp/

私立高校の入試問題に

法《ほう》政《せい》大《だい》学《がく》第《だい》二《に》高等学校

- 神奈川県川崎市中原区木月大町6-1
- JR線・東急東横線・東急目黒線「武蔵小杉」徒歩12分
- TEL：044-711-4354
- http://www.hosei2.ed.jp/

学校説明会

第1回　10月6日（土）14:00～
第2回　11月10日（土）14:00～
第3回　11月25日（日）13:00～

問題

図のように円に内接する四角形ABCDがあり，対角線AC，BDの交点をEとする。△ABDが1辺の長さ4 cmの正三角形で，BC：CD＝2：1であるとき，次の問いに答えなさい。

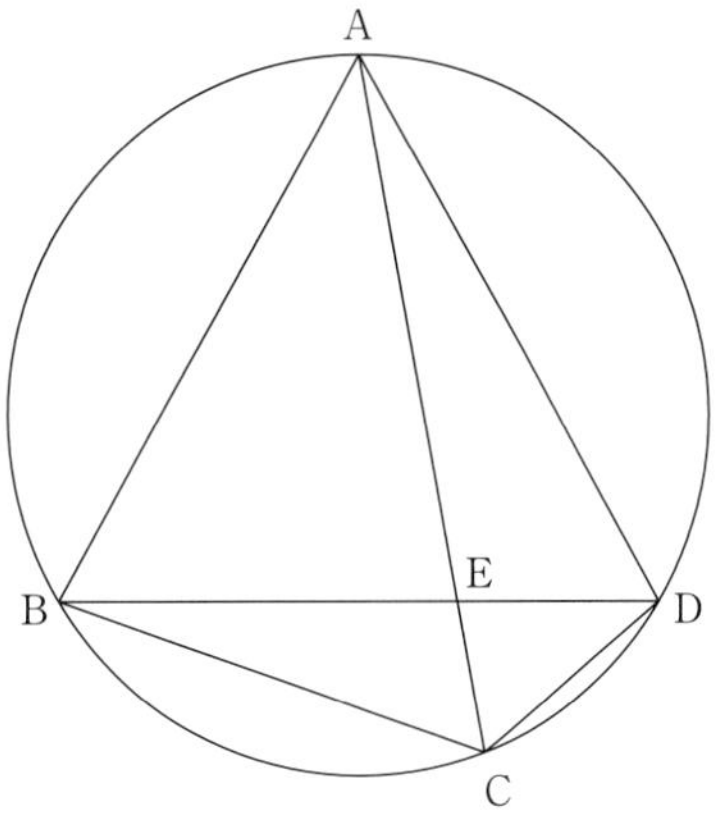

問1. 線分BEの長さを求めなさい。

問2. 線分AEの長さを求めなさい。

問3. 線分ECの長さを求めなさい。

解答　問1　$\frac{8}{3}$cm　問2　$\frac{4\sqrt{7}}{3}$cm　問3　$\frac{8\sqrt{7}}{21}$cm

法《ほう》政《せい》大《だい》学《がく》女《じょ》子《し》高等学校

- 神奈川県横浜市鶴見区岸谷1-13-1
- 京浜急行「生麦」徒歩5分
- TEL：045-571-4482
- http://www.hosei.ac.jp/general/jyoshi/

問題

傍線部①～⑤のカタカナを漢字に直し、波線部ア～オの漢字の読みをひらがなで書きなさい。

―囲《まわ》りの者を①タイクツさせている老人―

―わたしは寝ころんで②テンジョウのひろがるしみを―

―③エンサキで竹のそよぐ音がかすかに聞こえた。―

―④イマサラ、音を立てて起きあがり―

―ただ⑤ミャクラクもなく、母の呟きや―

―あるいはア漠然といつも思っていることを―

―ゆずられた財産を好きなようにイ遣い、親族に―

―ウ年貢の上がる田畑があったのだから―

―父のエ述懐や祖父の奇行を重ね合わせ―

―父には他人の心のうちをオ見透かす妙な勘が―

解答　①退屈　②天井　③縁先　④今更　⑤脈絡　ア　ばくぜん　イ　つかい　ウ　ねんぐ　エ　じゅっかい　オ　みすかす

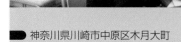

3月号の答えと解説

● 問題

論理パズル

　Aくん、Bくん、Cくん、Dくんの4人は、スポーツ大会で行われた100m走、1500m走、リレー、走り高跳び、走り幅跳びのうち、いずれも複数の種目に出場しました。その結果、1500m走に出場した人は1人だけですが、他の種目については2人ずつが出場しています。また、各人は4人の出場種目について、それぞれ次のように話しています。

A：「ぼくとDくんは同じ種目に出場しました。」
B：「ぼくとAくんは同じ種目に出場しましたが、Cくんとは同じ種目に出場していません。」
C：「ぼくとAくんは走り高跳びに出場しました。」
D：「ぼくは1500m走には出場していません。また、Cくんとは同じ種目に出場していません。」

　以上のことから、次のア～エのうち、正しいと言えるものが2つあります。それはどれとどれですか。

ア　Aくんは3種目に出場した。
イ　Bくんは1500m走に出場した。
ウ　Cくんはリレーには出場していない。
エ　BくんとDくんは同じ種目に出場していない。

● 解答　アとウ

解説

	走り高跳び	1500m走	P	Q	R	計
A	○	×	○	○	×	3
B	×		×	○		2
C	○		×	×		2
D	×	×	○	×	○	2
計	2	1	2	2	2	9

　各競技に出場した人数や各人の発言を、右のような表で整理します。まず、走り高跳びについては、AとCの欄に○が入ります。

　次に、AとD、AとBがいっしょに出場した種目は、各種目に出場した人数が最大2人ですから、走り高跳びと1500m走ではありません。しかし、上の条件だけではどの種目か確定できないので、AとDに共通な種目をP、AとBに共通な種目をQとして○を入れ、残りの種目をRとします。

　すると、出場した種目数の合計が9ですから、Aの出場した種目数は3で、残りの3人は2種目ずつということがわかります。

　これらを整理すると、種目RにはDが出場していて、Aは出場していないことになります。ここで、もしBが1500m走に出場しているとすると、CとDとが同じ種目Rに出場したことになり、Dの発言と矛盾します。よって、Cは走り高跳びと1500m走だけに出場していて、BとDは同じ種目Rに出場していることになります。

中学生のための

学習パズル

今月号の問題

Q ワードサーチ（単語探し）

リストにある英単語を、下の枠のなかから探し出すパズルです。単語は、例のようにタテ・ヨコ・ナナメの方向に一直線にたどってください。下から上、右から左へと読む場合もあります。また、1つの文字が2回以上使われていることもあります。パズルを楽しみながら、街中にある建物・施設の名称を表す単語を覚えましょう。最後に、リストのなかにあって、枠のなかにない単語が1つだけありますので、それを答えてください。

F	E	T	E	K	R	A	M	E	J	D	A
I	A	U	T	F	L	U	B	L	L	A	H
R	S	R	N	U	S	A	F	C	V	I	C
E	X	P	R	E	S	S	W	A	Y	W	N
S	B	Q	U	N	V	G	L	E	S	T	E
T	P	M	O	Q	R	A	E	V	D	G	B
A	F	N	W	O	T	N	W	O	D	I	M
T	A	Z	X	I	H	O	H	I	E	X	S
I	C	G	P	K	E	P	R	U	R	W	H
O	T	S	Y	G	A	B	X	Z	O	Y	R
N	O	I	T	C	E	S	R	E	T	N	I
H	R	C	L	M	R	N	H	A	S	L	N
C	Y	A	W	B	U	S	I	D	J	K	E

【単語リスト】

- avenue（大通り）【例】
- bench（ベンチ）
- bridge（橋）
- crossing（交差点、横断歩道）
- downtown（繁華街）
- expressway（高速道路）
- factory（工場）
- fire station（消防署）
- hall（会館、ホール）
- hospital（病院）
- intersection（交差点）
- market（市場）
- museum（博物館、美術館）
- shrine（神社）
- sidewalk（歩道）
- subway（地下鉄）

3月号学習パズル当選者

（全正解者48名）

★小松　桃子さん（神奈川県川崎市／中2）
★南野　信二くん（東京都杉並区／中1）
★高橋　直人くん（千葉県千葉市／中2）

応募方法

●必須記入事項

01　クイズの答え
02　住所
03　氏名（フリガナ）
04　学年
05　年齢
06　アンケート解答「ホノルル美術館所蔵 北斎展」、「大エルミタージュ美術館展」（詳細は78ページ）の招待券をご希望のかたは、「○○招待券希望」と明記してください。

◎すべての項目にお答えのうえ、ご応募ください。
◎ハガキ・ＦＡＸ・e-mailのいずれかでご応募ください。
◎正解者のなかから抽選で3名のかたに図書カードをプレゼントいたします。
◎当選者の発表は本誌2012年7月号誌上の予定です。

●下記のアンケートにお答えください。

A今月号でおもしろかった記事とその理由
B今後、特集してほしい企画
C今後、取りあげてほしい高校など
Dその他、本誌をお読みになっての感想

◆2012年5月15日（当日消印有効）

◆あて先

〒101-0047　東京都千代田区内神田2-4-2
グローバル教育出版　サクセス編集室
FAX：03-5939-6014
e-mail:success15@g-ap.com

67名合格！

400名合格！

505名合格！

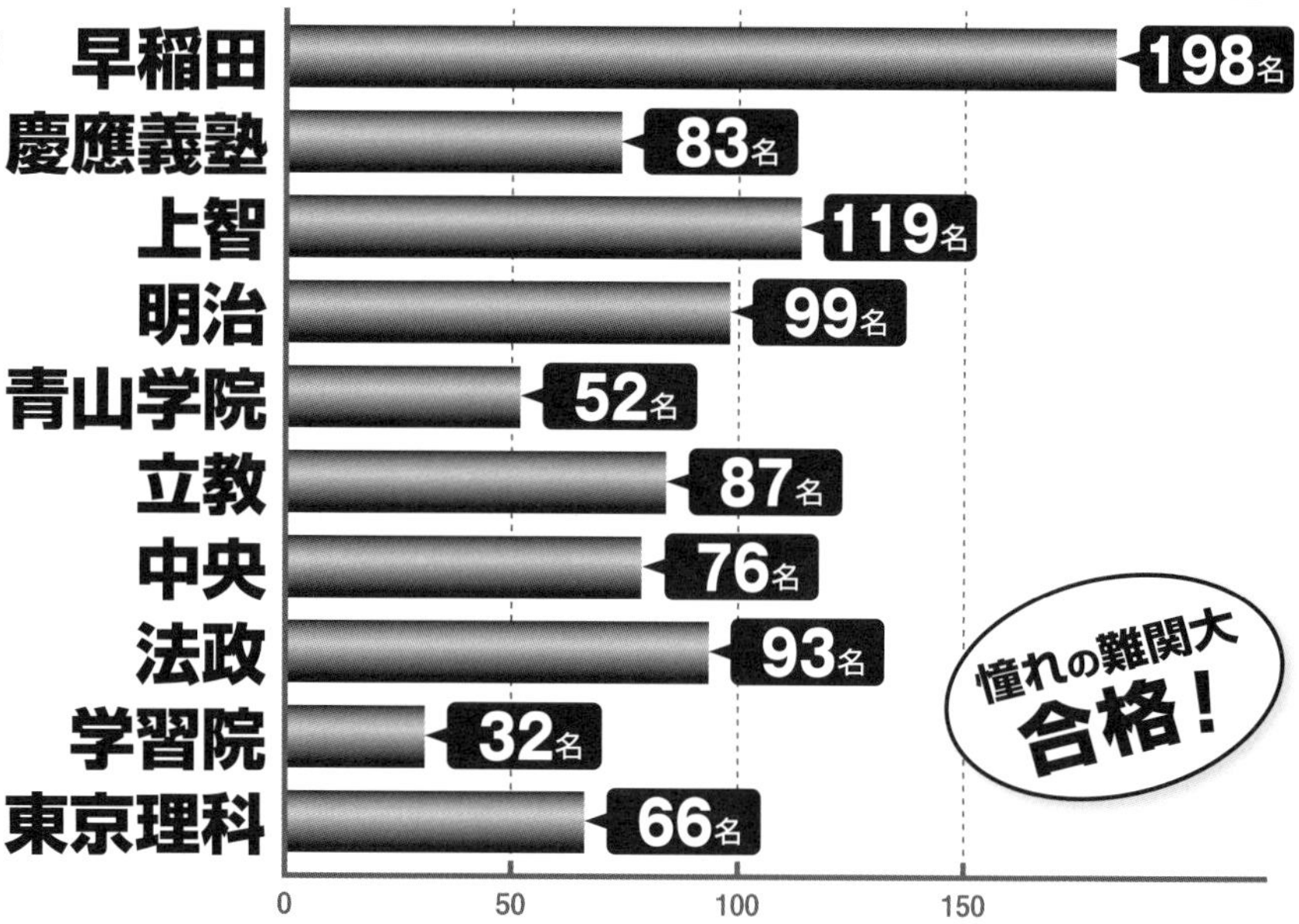
早稲田 198名
慶應義塾 83名
上智 119名
明治 99名
青山学院 52名
立教 87名
中央 76名
法政 93名
学習院 32名
東京理科 66名
0
50
100
150
憧れの難関大合格！

早稲田大学 198名　上智大学 119名　青山学院大学 52名

慶應義塾大学 83名　明治大学 99名　立教大学 87名

中央大学 76名　学習院大学 32名

法政大学 93名　東京理科大学 66名

在籍約1100名からの実績

※合格者数は3月21日現在判明分。今後未判明分、補欠繰上げ等により合格者数は増加することが予測されます。

模試受験のみの生徒は一切含まれていません。早稲田アカデミーの平常授業または志望校別クラス、冬期東大合宿に在籍し、授業に参加された方のみを対象としています。

東大、国公立大医学部、早慶上智大、GMARCH等、難関大学に今年もたくさんの生徒が合格しました。早稲田アカデミーが創立以来大切にしてきた授業スタイルや指導方法と生徒一人ひとりの努力が、第一志望校合格への想いが結実したのです。早稲田アカデミーが皆さんの成績を伸ばし、夢の第一志望校現役合格へと導きます。

3/10 東大理Ⅲ掲示板の前にて

早稲田アカデミーなら憧れの東大、早慶上智大、人気のGMARCHに、大きく伸びて現役合格できる

1人でもない、大人数に埋もれない、映像でもない「参加型少人数ライブ授業」

生徒と講師が互いにコミュニケーションをとりながら進んでいく、参加型の少人数のライブ授業をサクセス18は大切にします。講師が一方的に講義を進めるだけでなく、皆さんにその場で実際に問題を解いてもらったり、質疑応答を授業に取り入れることで、学習効果は高まるのです。そしてこれは大教室で行われる授業や映像授業では決してできないことなのです。

授業で終わらない。皆さんの家庭学習の指導も行い、第一志望校現役合格へ導きます

講師の仕事は授業だけではないとサクセス18の講師は考えています。授業と同じくらい大切なのが日々の家庭学習や各教科の学習法。「高校生なんだから家庭学習くらい自分で考える」そんな風に考える人もいるでしょうが、何事にもセオリーやノウハウがあります。サクセス18の講師が皆さんの学力や志望校、学習環境に最適な家庭学習プランを提案します。

先生が近い、友達が近い。講師の励まし、ライバルとの競争、Wシナジーが劇的に学力を伸ばします

皆さんと講師の距離が近いのもサクセス18の特徴です。講師室はオープンスペースとなっており、いつでも気軽に先生に質問できます。また講師からも積極的に皆さんに声を掛けます。「先週のテスト良くできていたよ」「最近頑張ってるね」そんな何気ないコミュニケーションをサクセス18の講師は大切にしています。

また一緒に学ぶ友達との距離が近いのも少人数制のサクセス18ならでは。同じ目標に向って共に頑張っている友達は仲間でありライバル。毎月実施される「月例テスト」や模試の成績優秀者は校舎内に掲示されます。「初めて自分の名前が載ったときの嬉しさ」「友達の名前が載る掲示に自分の名前がないときの悔しさ」そんな気持ちが皆さんの背中を後押しするのです。先生と仲間とのWシナジーが皆さんの学力を劇的に伸ばします。

偏差値40～50台から憧れの早慶上智大へ現役合格できる

サクセス18の早慶上智大合格者の内、実に半数以上が高1の時の偏差値が40～50台だったのです。こうした生徒達は皆サクセス18で大きく学力を伸ばし、第一志望大学現役合格の夢を実現させたのです。次は皆さんの番です。サクセス18スタッフが皆さんの夢の実現をお手伝いします。

高1からの在籍で 偏差値65以上の
早慶上智大 合格者の **56%**は
高校1年生のときには
偏差値**40～50**台だった。

高1から通って夢がかなった！
60以上
44%
40～50台
56%

2011年大学入試 早慶上智大合格者の高1生シニアテスト（英・数・国）偏差値より
2012年入試の結果は集計中です。

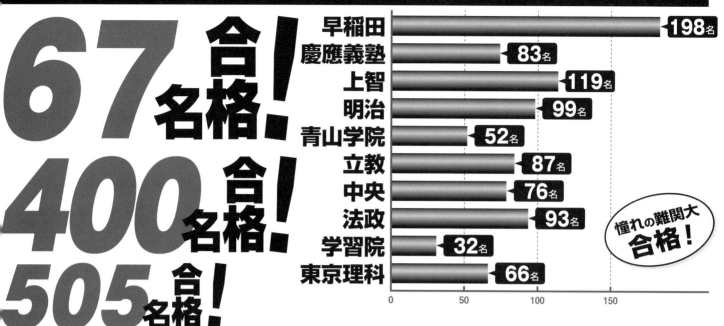

現役生専門　難関大学受験なら

合格おめでとう!!

2012年 大学入試結果

文Ⅰ13名・理Ⅲ4名含む

東京大学
早慶上智大
GMARCH理科大

東京大学［理科Ⅰ類］合格

早稲田大学［基幹理工学部］、慶應義塾大学［理工学部］、上智大学［理工学部］

金井 純平（国立東京学芸大学附属高校）

仲間達と先生方と共に

大学受験を真面目に考え始めた高2の秋、僕は高校受験の際お世話になった早稲田アカデミーに入塾しました。第一志望校は学校の友達に流されるように東大としましたが勉強に熱が入らず、成績もあまり伸びませんでした。しかし高3のとき、僕の意識は変わりました。自分の志望校を本気で目指す仲間達と授業を共にすることで僕も勉強を全力で取り組むようになっていました。さらに時には優しく時には厳しく接してくれる先生方の熱い授業を受けるにつれてより励むようになりました。サクセス18の必勝コースや合宿、正月特訓は違う学校の様々な考え方を持つ仲間達や先生方との絆を深めました。東大模試ではE判定を取り続けましたが、そんな仲間達や先生方のおかげで諦めずに勉強に取り組むことが出来ました。サクセス18に入らなければ僕の合格はありませんでした。共に学んだ仲間達、最後まで熱心に授業をしてくれた先生方、本当にありがとうございました。そしてこれからもよろしくお願いします。

東京大学［理科Ⅱ類］合格

早稲田大学［先進理工学部］、上智大学［理工学部］

高橋 勇介（私立開成高校）

いままでありがとうございました。

まずは家族や友だちの応援に感謝したいです。そして東大合格に達するまでに指導して下さったサクセス18の先生方に感謝したいです。サクセス18の進路指導では長期的な目標設定に加えて、短期的な目標設定も立てられたため、学習している中でも目標を見失うことがありませんでした。校内模試の順位等、身近なところからも目標の達成度を測ることができ、モチベーションを保ちながら勉強することができました。サクセス18で最も良かったと思うことは、先生と生徒の距離が近いことだと思います。私はそのおかげで先生方に多くの質問をすることができ、納得がいくまで問題に取りくむことができました。これは私にとっては学力を伸ばすのに大いに役立ったと感じています。また、開成クラブも有効に活用することができました。自習室はあまり利用しなかったものの、過去問を印刷してもらえたのは非常に助かりました。また、開成クラブで行われている英作文道場では、自分の英作文をネイティブの先生に見てもらえるので、英作文の感覚をつかむことができ、確実に得点力の向上につながったと思います。先生方の授業はもちろんのことながら、このような点も合格につながったと思います。サクセス18に通って本当に良かったです。

東京大学［理科Ⅲ類］合格

慶應義塾大学［医学部］、防衛医科大学校

笠原 優輝（国立筑波大学附属駒場高校）

第2の我が家、サクセス18

サクセス18の魅力は先生方の熱意だろう。私はサクセス18を第二の我が家のように、温かく感じていた。登塾すると、「こんにちは」、教室に行くときには「いってらっしゃい」、自習室から戻ると「おかえりなさい」といった挨拶が飛び交い、この言葉にいつも元気づけられ、明日の活力を貰った。実の家と同じようなアットホームな空気が漂っており、この居心地の良さが、毎日塾に来て勉強しようと思わせてくれた。それに加え、成績を上げるのに特に役立ったものは、先生方の熱意のこもった添削、個別のアドバイスだった。他の生徒もいて大変な中、わざわざ時間を自分のために割いてくれている、このことが私の弱点を大いに克服させ、モチベーションの向上にも繋がった。先生方からは、まるで我が子に対するような温かさを感じた。この温かさのおかげで、合格できる水準まで成績を伸ばすことができた。自分一人では決してできなかっただろう、と思う。合格を報告したとき、先生方が心から喜んでくれて、初めて自分の努力を示すことができた、と思えた。こんな、辛い中、最高の受験を迎えることができたのは、サクセス18だったからだ。今までありがとうございました。

東京大学［文科Ⅲ類］合格

早稲田大学［政治経済学部］、慶應義塾大学［商学部］

堀田 和里（私立雙葉高校）

サクセス18大好き！

サクセス18には、中3の終わりから通い始めました。校舎に足を踏み入れた瞬間、事務の方々や先生方が大きな声で挨拶してくださり、明るく元気な印象を持ったので、すぐに入塾を決めました。私が通っていた校舎はとてもアットホームな雰囲気で、居心地がよく、先生方や事務の方々、アシストスタッフとも仲良く話すことができる環境だったので、塾に行くのが本当に楽しみでした。とにかく塾が好きだったので、高2の後半以降は授業がない日にも自習をしに行っていました。お互いに励まし合い、刺激し合える友達に出会えたのも、塾が大好きだった理由の一つです。受験期で一番辛かったのは、間違いなく最後の2ヶ月だったと思います。センター試験を越え、私大入試が始まり、最後に待ち構える国立の2次。この2ヶ月を乗り越えられたのは、他でもない、サクセス18のおかげです。勉強が思うように進まず、悩んだことは何度もありましたが、そのたびに事務の方々や先生方、アシストスタッフ、そして友達に元気付けてもらいました。サクセス18のみんなが支えてくれたから、自分らしく受験に立ち向かうことができました。私が東大合格という夢のようなことを実現させることが出来たのは、サクセス18のみんなが最後まで私を信じていてくれたからです。先生方、事務の方々、アシストスタッフ、サクセス18で出会った友達、そして家族!ここまで私を支えてくださって本当にありがとうございました!サクセス18大好き!

一橋大学［法学部］合格

早稲田大学［法学部］、慶應義塾大学［商学部］、上智大学［法学部］

野村 悠花（私立豊島岡女子高校）

サクセス18ありがとう！

サクセス18に入ってからの二年を振り返ると、自分がいかに幸せで充実した受験生生活を送っていたかを実感させられます。入塾当初私はTクラス選抜にも合格できないほど数学が苦手で、校長先生の「数学をなんとかするから」の一言を頼りにサクセス18に入塾しましたが、塾で演習を重ねるうちに本当に何とかなり、本番でも数学の出来に自信が持てました。先生方が授業の範囲を超えて私の成績や性格、志望校などを把握して的確なアドバイスを下さり、のんびり屋の私を急かしてくださるのはサクセス18ならではでしたし、そんな先生方を信頼していたので安心して勉強できました。先生方は受験校についても一緒に考えてくださった上、併願校対策も施してくださったので、私自身は志望校対策だけを考えてそのための勉強に打ち込むことができ、大変感謝しております。志望校にあわせた先生オリジナルのプリントを頂いたり、先生にお願いして予想問題を何度も作っていただいたりと、本当にお世話になったので絶対受かろうと意気込んでいました。自習の時はいつもサクセス18に行ったし、仲良しなだけでなくやる時はやる、といった周りの生徒たちの雰囲気も好きで、良い刺激になりました。サクセス18でいつも楽しかったし、大学受験を最高の形で乗り越えることができたのはサクセス18のおかげです。私に関わってくださった全ての方に感謝しています。お世話になりました。

早稲田大学［法学部］合格

上智大学［法学部］、明治大学［法学部］、立教大学［法学部］、中央大学［法学部］

前田 妃南子（私立女子学院高校）

私のサクセス体験記

私は高1からサクセス18に通い始め、部活を引退した高2の秋から本格的に受験勉強を始めました。部活引退まではやる気が出ず、受講していたのに無駄に過ごしてしまったことも多かったと思います。しかし、定期的なテストや親切な面談のおかげで、部活中心の毎日の中でも勉強や将来のことを考える機会を持つことが出来ました。そのおかげで、部活引退後もスムーズに受験勉強に移れたように思います。高2の秋から高3にかけては、現代文と古文を受講しました。古文ではちょっとした文法テクニックや文学史も教えていただき、入試に役立ちました。現代文では筆者の論考に関連した現代社会についてのお話もあって、社会にも関心を持つことが出来るような、大学入試後も見据えた質の高い授業でした。少人数制なので先生との距離も近く、苦手な記述も細かく添削いただいたおかげでなんとか書けるようになりました。また、直前期には夜遅くまで使える自習室がとても有難い存在でした。質問もすぐできるし、アシストスタッフの方々や受講していない教科の先生まで質問に答えたり添削してくださったりして、サクセス18全体でサポートしてくださっていると感じました。気さくで親しみやすい事務の皆さんとの会話も私の心の支えでした。私が志望校に現役合格できたのも、このようなサクセス18があってこそです。ありがとうございました。

慶應義塾大学［法学部］合格

早稲田大学［文化構想学部］、上智大学［法学部］、明治大学［商学部］、國學院大學［経済学部］

山田 晃己（私立桐光学園高校）

大学受験とは団体競技である

この塾で出会った気の合う仲間三人でコンビを組み一年間互いを励まし、尊重し、仲間の背中をみて刺激され続けた結果、僕は慶應の法、一人は早稲田の法、もう一人は早稲田の理工に進学を決めました。受験が終わった今でも付き合いは続き、大学は違うけれども一生の付き合いになると思います。僕たち三人が全員第一志望に合格できたのは常に僕以外の二人に刺激され続けお互いがお互いの努力を尊重し続けた結果であり、それがサクセス18という塾にしか成しえない技の本質だと思います。仲間の作りづらい他の予備校では決してなし得ない大学受験で成功するためのノウハウ、つまり大学受験を個人競技ではなく団体競技で闘おうとする姿勢、これがサクセス18が合格実績を毎年、大幅に更新し続けているという事実を裏付けているのだと思い、事実僕たち三人がそれを証明しています。僕一人では途中で心が折れ、決して成し遂げられなかったであろうこの偉業、またこの偉業がサクセス18でしか成し遂げられない偉業ではないでしょうか。

上智大学［文学部］合格

明治学院大学［文学部］

安達 南菜子（私立東洋高校）

温かい場所

私がサクセス18に通い始めたのは高校2年生のときです。苦手な英語を何とかしたいと思っていたところ、母にサクセス18を勧められ、とりあえずという気持ちで入塾しました。早稲田アカデミーには小さい頃から通っている人も多く、いざ入ってみると既に仲良しグループが出来ていて、少し居心地が悪く感じたのを覚えています。しかし、高校3年生になるとその空気は一転しました。特に私達の間の絆を強くしたのは夏の合宿です。他の校舎の友達も増えることで、「皆で合格したい」という気持ちが大きくなりました。その後、サクセス18の友達とは受験直前まで励まし合い、学校の友達とはまた一味違った友情を築くことができました。現役生しかいないサクセス18ならではだと思います。また、サクセス18の凄いところは先生方がきめ細かく指導して下さることです。何度も面談を組んでくれたり、過去問の点数をチェックしてくれたり、英作文や小論文などの添削を寝る間も惜しんでしてくれました。受験の前の日に私が緊張していると、夜遅くまで応援し続けて下さいました。こんなに面倒見の良い塾、予備校は聞いたことがありません。私が大学に合格できたのも、先生方の支えがあったからです。本当にありがとうございました。受験は辛かったですが、サクセス18のおかげで、頭も心も成長できたと思います。最後に両親へ、サクセス18に通わせてくれてありがとうございました。

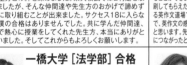

医学部へ一人ひとりをナビゲート！

5月開講　日曜集中特訓　最難関医学部を目指すライバルだけが集う「競い合う空間」

医学部必勝講座

新高3対象　1ヶ月に3回／英語・数学・理科・国語・チェックテスト
(化学・生物・物理)

新高2・新高1対象　1ヶ月に1回／英語・数学・チェックテスト

最難関医学部必勝講座（選抜クラス）　**千葉大、筑波大、医科歯科大**などを中心に受験を考えている皆さんのためのクラスです。

難関医学部必勝講座（オープンクラス）　**私立大医学部**を中心に受験を考えている皆さんのためのクラスです。

医系受験指導41年の伝統と実績を誇る野田クルゼのエキスパート講師が、最速・最短の方法で現役合格に導くプロジェクト。それが「医学部必勝講座」です。講義⇒演習⇒試験というサイクルにより、あいまいな理解から生じる些細なミスを無くし、入試において高得点を狙える学力を定着させます。同時に、難易度の高い入試問題を扱いながら、現役生に不足している実践的な問題演習を行います。この講座で最難関医学部現役合格の夢をかなえましょう！

説明会・選抜試験

4/22(日)　無料

対　　象▶高1～高3
説 明 会▶13:00～14:00
選抜試験▶14:15～16:00(英語・数学)
場　　所▶野田クルゼ現役校

新高３対象：最難関医学部必勝講座／難関医学部必勝講座　タイムテーブル

	9:00～10:30	10:45～12:15	13:00～14:30	14:45～16:15	16:20～17:20	17:30～19:00
１回目	英　語	英　語	物理／生物	物理／生物	英語チェックテスト	
２回目	数　学	数　学	化　学	化　学	数学チェックテスト	センター国語
３回目	英　語	数　学	物理／生物	化　学	理科チェックテスト	

新高２・新高１生対象：最難関医学部必勝講座　タイムテーブル

	10:00～12:00	13:00～15:00	15:10～16:10	16:20～17:20
１回目	英　語	数　学	英語試験	数学試験

新高1生対象　無料体験授業

4/29(日)

数　学▶13:00～14:30
英　語▶14:40～16:10

本格的な医学部専門カリキュラムを体験してみよう！

最難関医学部入試に出題される本質をつく問題に対応するため、高１の段階から本格的な医療系英文解釈を扱っていきます。授業は短文精読と長文読解で構成され、センテンス単位の正確な構造理解と英文間の論理的関係性の理解を並列して学習していきます。（英語科主任：杉原講師より）

個別指導なら

全学年対象

医学部受験指導のスペシャリストによる

医学部専門個別指導　Medical 1（メディカル・ワン）

忙しい高校生活の隙間や部活動の合間を使って本格的な医学部対策ができる。

医学部受験は倍率が高く全ての入試科目において高得点が求められます。得意科目の更なる強化や不得意科目の早期克服に有効なのが医学部専門個別指導「Medical1」（メディカルワン）。指導は医学部受験指導のスペシャリスト講師が1対1の完全個別対応で担当し、各自の要望に応じて1回から受講できます。スペシャリスト講師だからこそ、即座にあなたの弱点を見抜き最も効果的な指導を行い短期間での成績アップができるのです。

Point 1　医学部受験指導のスペシャリストが１対１で指導

Point 2　あなただけの完全フルオーダーカリキュラム

Point 3　苦手科目や弱点となる単元の超短期克服

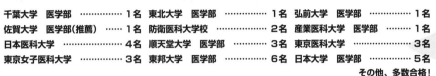

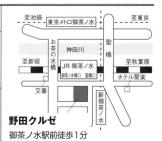

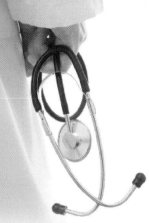

アート
大エルミタージュ美術館展 世紀の顔・西欧絵画の400年

4月25日(水)～7月16日(月)
国立新美術館　企画展示室2E

ペーテル・パウル・ルーベンス《虹のある風景》1632頃-1635年 ©Photo:The State Hermitage Museum, St. Petersburg, 2012

各世紀の名画で見る 西洋美術の歴史

ロシアのサンクトペテルブルクにあるエルミタージュ美術館の所蔵品のなかから、16～20世紀における西洋美術の「顔」ともいうべき名画が展覧される。各世紀ごとにそうそうたる画家たち83作家・全89点から、約400年にわたる西洋絵画の歴史をたどる。とくに注目されるマティスの最高傑作の1つである《赤い部屋（赤のハーモニー）》は、東京ではじつに約30年ぶりの展示となる。招待券を5組10名様にプレゼント。

イベント
ヨコハマ大道芸

4月21日(土)～22日(日)
みなとみらい21／吉田町通り／イセザキモール1･2･3

横浜の春の風物詩 笑って楽しむ大道芸

1986年に野毛大道芸によって幕を開けた港町横浜の大道芸。当時20組・26名だったパフォーマーは20年後には1日300人に、3,000人だった観客は2日間で146万人となり、ヨコハマ大道芸は、いまや日本を代表する大道芸の祭典となっている。

今年もみなとみらいや伊勢佐木町に世界中から大道芸人たちが集結し、サーカスやパントマイムなどのさまざまな妙技を披露する。

イベント
究極の鉄道模型展 in東京タワー

4月14日(土)～5月6日(日)
東京タワーフットタウン1階 特設会場

原信太郎氏所蔵/photo by Takayuki Osumi

鉄道ファンならずとも楽しめる 究極の鉄道模型展

著名な鉄道模型製作・収集家の原信太郎氏が80年をかけて築いた至宝のコレクションが紹介される。本物の車両と同じ構造で作られた原氏制作の模型はもちろん、原氏所蔵の約6,000車両のコレクションのなかから選りすぐりの450車両が一堂に会する。また、1周約45m、総延長約150mの「1番ゲージ ガーデン・レイアウト」では、本物のように疾走する列車の迫力を間近で体感することができる。

サクセス イベント スケジュール
4月～5月
世間で注目のイベントを紹介

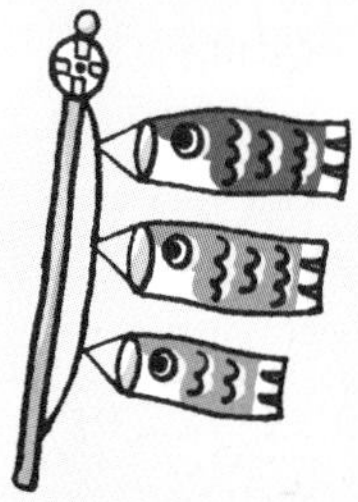

こいのぼり

こいのぼりは、鯉が竜門と呼ばれる急流の滝を登って龍になり天に昇ったという中国の伝説から、端午《たんご》の節句に江戸時代の武家で始まった習慣だと言われている。そのため、こいのぼりには子どもの健やかな成長と立身出世を願う親心が表れている。

イベント
泳げ鯉のぼり

4月29日(日)～5月5日(土)
相模川高田橋上流

1,200匹のもの鯉のぼりが 雄大に大空を泳ぐ

相模川の自然、子どもたちの成長、人と人とのコミュニケーション、さらには相模川を共有するすべての人々による新たな文化の創造に寄与することを目的に、1988年（昭和63年）から開催され、いまでは相模原の代表的なお祭りの1つとなった「泳げ鯉のぼり」。

相模川の両岸に渡された5本のワイヤーに約1,200匹もの鯉のぼりが風にたなびき、雄大に大空を泳ぐ姿は壮観だ。

お祭り
大岡越前祭

4月21日(土)～22日(日)
茅ヶ崎駅周辺

100名近い越前行列が 茅ヶ崎を練り歩く

大岡裁きで有名な江戸時代の名奉行・大岡越前守忠相《ただすけ》公。1912年忠相公の数々の功績に対して、従四位が贈られ、翌年に忠相公の墓所がある茅ヶ崎市の浄見寺にて贈位祭が行われたのが、大岡越前祭の始まり。昨年は東日本大震災のために残念ながら中止となったが、今年は開催される。メインイベントは当時の格好で100名近い行列が茅ヶ崎駅周辺を練り歩く、越前行列のビッグパレードだ。

アート
特別展 ホノルル美術館所蔵「北斎展」 葛飾北斎生誕250周年記念

4月14日(土)～6月17日(日)
三井記念美術館

冨嶽三十六景　山下白雨 1830-1832年頃　横大判錦絵 Gift of James A.Michener, 1970 HAA15928 Photo: Tim Siegert©Honolulu Academy of Arts 展示期間:後期(5/15-6/17)

誕生を250周年を記念した 葛飾北斎の大展覧会

アジア美術の所蔵で世界的に知られているホノルル美術館。そこに所蔵されている江戸時代の浮世絵師・葛飾北斎の逸品を網羅した展覧会が、北斎生誕250周年を記念して開催される。今回展示される約160点もの作品のなかには「冨嶽三十六景」や「諸国名橋奇覧」など、教科書に載っている有名なものも多く見られる。本物を見られるまたとない機会をぜひ堪能しよう！

招待券を5組10名様にプレゼント。応募方法はP73参照。

さくいん

＜コーナー名＞

＜本文中記事＞

編集後記

3月20日に東京国際フォーラムで開催された、福島県の復興イベント「がんばろう ふくしま！ 大交流フェア」に行ってきました。

会場に入るのにも列ができるほどで、歌あり、ダンスショーあり、会津地方の郷土玩具である赤べこ作りあり、ご当地グルメありと大変な盛りあがりでした。なかでも昨年のB級ご当地グルメの祭典「B級グランプリ」で全国4位に輝いた「なみえ焼きそば」のお店の前には、1時間半待ちの長蛇の列ができていました。

被災地の復興のため頑張っている地元の人々と、少しでも力になろうとしている参加者の熱い思いが感じられるひとときでした。

（M）

Information

『サクセス15』は全国の書店にてお買い求めいただけますが、万が一、書店店頭に見当たらない場合は、書店にてご注文いただくか、弊社販売部、もしくはホームページ（下記）よりご注文ください。送料弊社負担にてお送りします。

定期購読をご希望いただく場合も、上記と同様の方法でご連絡ください。

Opinion, Impression & etc

本誌をお読みになられてのご感想・ご意見・ご提言などがありましたら、ぜひ当編集室までお声をお寄せください。また、「こんな記事が読みたい」というご要望や、「こういうときはどうしたらいいの」といったご質問などもお待ちしております。今後の参考にさせていただきますので、よろしくお願いいたします。

サクセス編集室
TEL 03-5939-7928
FAX 03-5939-6014

高校受験ガイドブック2012 5 サクセス15

発行　2012年4月14日　初版第一刷発行
発行所　株式会社グローバル教育出版
〒101-0047 東京都千代田区内神田2-4-2
TEL　03-3253-5944
FAX　03-3253-5945
http://success.waseda-ac.net
e-mail　success15@g-ap.com
郵便振替　00130-3-779535
編集　サクセス編集室
編集協力　株式会社 早稲田アカデミー

Success15

5月号

Next Issue

6月号は…

Special 1

難関校の入試傾向2012

Special 2

やる気の出る文房具

School Express

専修大学松戸高等学校

Focus on

埼玉県立川越高等学校

親と子の 受験勝利学

合格力を高める
45のアドバイス

A5版　224ページ
定価　1,470円（税込）

好評発売中

辻　秀一 著

全国書店で
お求めくだ
さい

直接購入ご希望の方は
☎ 03-3253-5944
グローバル教育出版
営業部まで

ISBN4−901524−94−1

スポーツ心理学とスポーツ医学の専門家であり、自らも中学受験を経験している著者が、「受験」における具体的ノウハウを実践的に説き明かしたこれまでにない斬新な内容です。

スポーツが楽しいものであるように、受験という機会も前向きに、そしてプラスになるようにとらえることで、「受験に勝利する」ことを著者はわかりやすく説いています。「親と子、家族」でともどもに読んでいただきたい好著です。

なお、巻末には、著者独自の「合格力セルフチェックシート」があり、現在の状況における各自の問題点とその克服法が明快にわかるようになっています。受験生とそのご家族のかたに必読の一書です。

株式会社 グローバル教育出版

〒101-0047 東京都千代田区内神田２−４−２　グローバルビル３階

TEL：03-3253-5944（代）　FAX：03-3253-5945

ISBN978-4-903577-56-2

C6037 ¥800E

定価：800円+税
グローバル教育出版